托尔斯泰作品鉴赏辞典

上海辞书出版社文学鉴赏辞典编纂中心　编

上海辞书出版社

前　言

　　列夫·托尔斯泰是19世纪俄国现实主义作家的代表人物,享誉世界的文学大家。1828年9月9日,托尔斯泰出生于一个贵族家庭。他年幼时就先后失去了双亲,由姑母抚养成人。1844年,托尔斯泰考入喀山大学学习。但因为对教育制度的不满,他退学归家。1851年,托尔斯泰前往高加索服兵役。服兵役期间他广泛阅读文学作品,并开始了创作道路。

　　从第一部发表的作品自传体小说《童年》开始,托尔斯泰的创作生涯长达60余年。托尔斯泰的文学创作史同时也是他的思想发展史。虽然出身贵族,他却始终关注平民的命运,对如何解决社会矛盾不断思考与探索,并进行自我反思,寻找人生的价值。他曾经在自己的庄园尝试农事改革,希望缓和地主与农民的矛盾;他曾游历欧洲各国考察,更加深刻地意识到资本主义文明背后的冷漠与残酷;他尝试办学,试图以教育来改良社会,消除阶级鸿沟,也曾受到沙皇的迫害与威胁……经历了各种探索与失败,最终,托尔斯泰将矛盾的化解寄托于道德的自我完善,形成了提倡"不以暴力抗恶"的"托尔斯泰主义"。他的思想变化和探索历程,他的清醒与软弱、奋斗与彷徨、呼喊与苦闷都在作品中留下深刻的烙印,笔下的许多人物,如《一个地主的早晨》中的涅赫柳多夫,《哥萨克》中的奥列宁,《安娜·卡列尼娜》中的列文,《复活》中的涅赫柳多夫……都有着他自己的影子,体现着他的思想。

　　1910年11月,列夫·托尔斯泰在阿斯塔波沃车站与世长辞。举国上下为这位伟大作家的离开而悲痛哀悼。他为后世留下诸多作品,其中最为人称道的是他的小说,特别是三大代表性的长篇小说:《战争与和平》、《安娜·卡列尼娜》和《复活》。作品反映了以宗法社会为基础的世界观的矛盾,又无情揭露了沙皇制度和新兴资本主义势力的种种罪恶。作为现实主义文学的代表人物,他擅长全景式的宏大叙事,如在《战争与和平》中以四个贵族家庭为线索所展现的宏大历史画卷;他也精于细微的人物心理描写,辩证地揭示人物性格与环境的关系,《复活》中男女主人公的堕落与救赎过程中心态变化的过程,《安娜·卡列尼娜》中安娜内心的冲突与挣扎等,都被刻画得细腻精妙。在文学作品之外,他始终自省的忏悔精神,他的"爱别人更甚于爱自己"的胸怀,同样令人敬仰。许多后世作家都深受他的影响,罗曼·罗兰、茨威格为他作传,列宁称赞他的作品为"俄国革命的一面镜子"。

为了使今天的读者更好地领略列夫·托尔斯泰作品的魅力所在,本书选取他的代表作品14篇,包括小说6篇,戏剧3篇,散文5篇(其中长篇作品为选段),辅以鉴赏文章,分析作品的思想内涵、艺术手法、语言特色等。书后并附有列夫·托尔斯泰的生平及创作年表以供参考。不足之处,还望读者指正。

上海辞书出版社文学鉴赏辞典编纂中心

2015年9月

小说

- 9　　琉森
- 22　　哥萨克
- 36　　战争与和平
- 54　　安娜·卡列尼娜
- 69　　伊万·伊利奇之死
- 83　　复活

戏剧

- 101　　黑暗的势力
- 115　　教育的果实
- 125　　头一个造酒的

散文

- 139　　谈艺术
- 145　　给罗曼·罗兰的一封信
- 155　　到底怎么办？
- 166　　忏悔录
- 181　　托尔斯泰日记

附录

- 199　　托尔斯泰生平与创作年表

小
说

琉 森

| 作品提要 |

瑞士小城琉森的旅馆门前,一个矮小的流浪歌手演奏悦耳甜蜜的音乐很久,三次求听众赏他一点东西,可是一百来位"幸福"的阔人却白白享受了这美妙的艺术,谁都不愿意给他任何东西,甚至带着冷漠的微笑嘲讽他。看见这一幕,"我"觉得十分痛心与可耻,为补偿歌手,就邀歌手去喝酒,却在喝酒时又受到了各种歧视,令"我"愤怒而又困惑。

| 作品选录 |

晚上六点多钟了。整天都下着雨,现在天放晴了。像燃烧着的硫黄似的淡蓝色的湖上,有几点轻舟,后面拖着一道道正在消逝的波痕;湖水静止地、光滑地、像要溢出来似的在窗前的芳草纷披的绿岸间展开,蜿蜒地向前伸去,直到被紧夹在两座巨大的陡坡之间,于是显得黑了,接着便停滞和消逝在此起彼伏的重峦叠嶂、雾霭和冰河之间。近处是伸展开去的濡湿、鲜绿的湖岸,岸上有芦苇、草地、花园和别墅;再远一点是深绿的、树木繁茂的、有着古堡废墟的陡坡;最远处是一片耸立着离奇的峭壁巉岩和暗灰色雪峰的群山绵亘的紫白色的远景;万物都沉浸在柔和的、晶莹的、蔚蓝色的大气中,都被从云缝里射出的落日的炎热的光辉照耀着。湖上也好,山上也好,天空中也好,没有一丝完整的线条,没有一片完整的色彩,没有一个同样的瞬间;到处都在动,都是不均衡,是离奇变幻,是光怪陆离的阴影和线条的无穷的混合和错综,而万物之中却蕴藏着宁静、柔和、统一和美的必然性。而这儿,就在我

原文

的窗前,在这种模糊的、错杂的、无拘无束的美之中,却横着一条人工筑造的、愚蠢的、白棍子似的堤岸,用支柱撑着的菩提树和绿色的长椅——这些寒伧的、庸俗的、人造的东西,不但不像遥远的别墅和废墟那样,融合在美的统一的谐和当中,反而粗暴地破坏了它。我的视线老是不由自主地和那条直得可怕的堤岸线发生冲突,而且我心里直想推开它,毁掉它,就像要把眼睛下面鼻子上的那颗黑点擦掉一样;可是英国人散步的那条堤岸还是在原来的地方,所以我只好尽量设法找寻一个看不见它的视角。终于,我找到了一个办法,于是我就独自坐在那儿玩味着一个人在孤寂中凝视着大自然的美时所体验到的那种虽不完全、但却甜得令人难受的感情,直到吃晚饭时为止。

　　七点半时,来叫我吃晚饭了。在底层的一个富丽堂皇的大厅里,摆着两张至少可以容纳一百人的长餐桌。客人们陆续来到大厅里,肃静的动作持续了三分钟左右:女士们的衣服的窸窣声、很轻的脚步声以及和殷勤文雅的侍者们悄悄的商谈声;终于所有的坐位都给绅士太太们坐满了,他们一个个穿得都很漂亮,甚至很阔绰,一般都非常整洁。在瑞士,通常大部分客人是英国人,因此公共餐桌上的主要特征就是大家保持一种公认的严格的礼节、沉默寡言(不是由于骄傲,而是因为没有必要接近),以及因自己的需要得到了适当和愉快的满足而自我陶醉的神情。雪白的花边、雪白的硬领、雪白的真牙和假牙、洁白的脸和手,从各方面闪闪发光。而那些脸孔,其中有许多很漂亮,只是现出一种感到个人幸福而对与自己没有直接关系的周围的一切毫不关心的表情;那些戴着宝石戒指和半截手套的白手,只是为了整理领子、切牛肉、斟酒才动动而已。那些手的动作并没有反映出任何内心的活动。家属们偶尔用低微的声音交谈几句哪道菜或是哪种酒味美,或是里吉山上美丽的风景。单身的男女游客们默不作声地并排坐着,甚至谁也不看谁一

原文

眼。要是这一百人里面间或有哪两个人彼此谈起话来,那他们准是谈天气和登里吉山。几乎听不见刀叉在盘子里动的声音,菜肴每次只吃一点儿,豌豆和青菜一定得用叉子叉着吃;侍者们不自主地被全体的肃静压倒,低声问你要什么酒。每逢吃这顿饭时,我总是感到压抑,不痛快,结果便变得忧郁起来。我老觉得好像犯了什么过错受到惩罚似的,就像小时候淘了气,他们把我放在椅子上,用讽刺的口吻对我说:"我的小乖乖,你就歇会儿吧!"——可是年轻的血液却在我血管里沸腾,而且我听见我的弟兄在隔壁屋里的欢闹声。以前我总想反抗在这样的会餐时所感受到的这种压抑的感情,可是徒然;所有这些死气沉沉的脸给了我一种无法抵抗的影响,所以我也只好变得死气沉沉。我什么也不要,什么也不想,甚至什么也不看。起初我试过和邻座的人谈谈;可是,除了在那同一个地方以及那同一个人重复显然是千篇一律的词句以外,我是得不到别的回答的。其实,所有这些人并不傻,也不是麻木不仁,不过,大概这些僵化的人之中,有许多人和我一样有一种内心的生活,而且其中有许多人的生活,比我更复杂和更有趣得多。那么为什么他们要使自己失去人生中一种最大的享受——人跟人互相交谈的快乐呢?

我们巴黎的公寓生活是多么的不同啊!在那儿,我们,二十个国籍、职业和性格都极不相同的人,在法兰西的社交风尚的影响下,在一张餐桌上吃饭,就像在一块儿游戏一样。在那儿,从桌子这一头到另一头,我们交谈;在谈话中夹杂着诙谐和俏皮的双关语,哪怕时常用一些似通非通的语言也没什么,谈话很快就融成了一片。在那儿,谁也不必担心结果怎么样,心里想到什么,嘴里就说什么;在那儿,我们有我们的哲学家,有我们的辩论家,有我们的 bel esprit①,有我们的被嘲笑的对象,一切都是共同的。在那儿,一吃完晚饭,我们就把桌子移开,不管合不合节拍,便开始在沾满尘埃的地毯上跳起 la polka② 来,直到深夜为

原文

止。在那儿，我们尽管有些轻浮，不大聪明，而且是不值得尊敬的人，可是我们却是人。那富有风流韵事的西班牙伯爵夫人，那饭后朗诵《神曲》的意大利修道院院长，那得到进杜伊勒利宫③的许可证的美国医生，那留着长发的青年戏剧家，那自称创作了世界上最好的波尔卡舞曲的女钢琴家，那每个手指上都戴着三颗宝石戒指、美丽而薄命的寡妇，——我们大家都像人似的虽然很表面、却很友好地彼此相待，而且互相留下了印象，有的人留下的印象很淡，有的人留下的印象却很真诚深刻。但是在这种英国式的 table d'hôte④上，我老是一面瞧着所有这些花边、缎带、宝石戒指、搽着发油的头发和绸衣服，一面想：用这些装饰可以使多少活生生的女人得到幸福，同时也可以使得别人幸福。想起来都奇怪，有多少知心的朋友和情人们——非常幸福的朋友和情人们——并排地坐在那儿，也许不知道这个。而且天晓得为什么，他们从来也不想知道这个，从来也不把他们非常向往的和非常容易给人的这种幸福互相给予对方。

像平常吃过这种晚饭那样，我变得忧郁起来；没有吃完最后那道点心，我就没精打采地去遛弯儿。又窄又脏又没亮光的街道，上了门的店铺，喝得醉醺醺的工人，以及和去打水的女人的相遇，或是和戴着帽子、在胡同里一面贴着墙走来走去、一面东张西望的女人的相遇，不但没有排除我的忧郁的心情，反而使它越发强烈。街上已经完全黑了；这时，我没有朝我的周围张望，心里什么也不想，径直向旅馆走去，希望以睡眠来摆脱这种阴沉的心境。我心里感到可怕的冷淡、孤独和沉重，就像一个人刚来到一个新地方，有时没有任何明显的理由便不禁悲从中来一样。

当我只看着我脚下的地面，沿着堤岸向瑞士旅馆走去时，一种奇妙而非常悦耳甜蜜的音乐声突然使我吃了一惊。这种音响在一刹那间对

原文

我起了振奋的作用,好像一道明亮快乐的光辉射进了我的心里。我感到舒服和愉快。我那昏昏欲睡的注意力又集中在我的周围的一切事物上。于是夜景和湖山的美丽——我起先曾对它感到冷淡——好像一个新奇的东西突然使我感到又惊又喜。在这一刹那间,我不知不觉地注意到了被升起的月亮照着的阴暗天空中那片深蓝天幕上的灰色云块,映着几点灯光的、像镜子般的墨绿的湖水,远处雾沉沉的群山,从弗廖申堡传来的蛙声和对岸的鹌鹑清脆嘹亮的啼叫。就在我的正前面,在我的注意力最集中的、乐声传来的那个地方,我看见了一个围成半圆形的人群在街心的薄暗中,而在人群前面没有几步路的地方,有个穿黑衣服的矮小的人。在人群和那人后面,在浮飘着断云的深灰色的天空中,花园中的几棵黑魆魆的杨树美妙地浮现了出来,两个森严的塔顶在古寺两边庄严地耸立着。

  我走得更近了,乐声变得更清晰了。我清楚地辨出在那远方、在夜空中美妙地颤动着的吉他的完美的和音,以及轮唱的歌声,此起彼落,各声部虽然唱的不是主旋律,但它们某些唱得最精彩的地方却烘托出了主旋律。主旋律有点类似优美动人的玛祖卡舞曲。歌声好像时近时远,听起来时而像男高音,时而像男低音,时而又像蒂罗尔⑤人的絮絮低语、悠扬婉转的假嗓音。这不是歌曲,而是对歌曲的轻妙而杰出的素描。我无法明白这是什么;可是这是美丽的东西。那吉他的令人心荡神移的幽微的和音,那优美轻快的旋律,那衬托在黑沉沉的湖水、清澈的月色悄然矗立着的两个高大的塔顶和花园中的黑魆魆的杨树构成的奇妙背景上的黑衣人的孤寂的影子——这一切都很奇怪,但是都有说不出的美丽,至少我是这样想的。

  生活中一切紊乱的、无意中得来的印象,突然对我有了意义和魅力。好像有一朵鲜妍芬芳的花在我心里开放了一样。代替刚才我所经

原文

受到的对世上的一切的厌倦、漠然和冷淡,我突然感到了爱的需要、满怀希望和无以名状的生活乐趣。"你要什么呢?你想什么呢?"我不禁这样问自己。"就是它,就是从四面八方环绕着你的美和诗。用你的全部力量大口地把它都吸进去吧,享受它吧,你还要什么呢!一切都是你的,一切都那么美好……"

我走得更近了。那个矮小的人好像是个流浪的蒂罗尔人。他站在旅馆的窗前,一只脚向前伸出,头朝后仰着,一面弹着吉他,一面用各种不同的声音唱着他那优美的歌曲。我马上就对这个人发生了好感,感谢他在我心里引起的这种变化。我能看得清楚的是:这位歌手穿着一件很旧的黑色常礼服,短短的黑发,戴着一顶非常俗气的旧便帽。他的服装没有一点儿艺术家的风度,可是他那随便的、天真愉快的姿态和动作,衬着他那小小的身材,却现出一副令人感动而又滑稽可笑的样子。在灯火辉煌的旅馆的台阶上、窗子里和阳台上,站着打扮得花枝招展、长裙曳地的贵妇人们,硬领雪白的绅士们,穿着金边制服的看门人和侍者们;在街上,在围成半圆形的人群中,在较远的林荫路上的菩提树之间,打扮得很漂亮的侍者们,戴着白帽子、穿着白罩衫的厨师们,互相搂着腰的姑娘们和散步的人们,都聚集在一块儿了,站住了。他们都好像体会到了我所体会到的同样的感觉。大家都默不作声地站在那歌手的周围,聚精会神地听着。四周是静悄悄的,只有在歌唱的间隔中,从远处掠过水面飘来的有节奏的锤声,以及从弗廖申堡岸边传来的断断续续、带着颤音的蛙声,混合着鹌鹑的清脆单调的啼声。

在黑暗的街上,那矮小的人像夜莺似的,一段又一段地、一曲接一曲地放声唱着。虽然我走到了他的身边,但是他的歌声还是不断地给我很大的快感。他那轻微的声音是非常悦耳的,他用来控制着这种声音的柔和、韵味和圆润感是非凡的,而且显出了他那极大的天赋的才

原文

能。他重唱每一段时,每次唱法都不相同,而且显然,所有这些美妙的变化都是他信口唱来,即兴想起的。

在上面瑞士旅馆的人群中和在下面林荫路上的人群中,常常听得见唧唧哝哝的赞词,周围充满了一片表示敬意的沉默。在阳台上和窗子里,盛装艳服的男女越来越多,在屋里的灯光照映下,他们凭栏而立,就像画中的人儿一样。散步的人都站住了,而且,在堤岸上的阴影中,到处都有三五成群的男女站在菩提树旁。在我旁边,离开人群不远,站着一个抽着雪茄的贵族派头的侍者和一个厨子。那厨子强烈地感到了音乐的美妙,而且在听见每个高度的假声的音调时,就兴高采烈地、莫名其妙地对那侍者挤挤眼,点点头,用胳膊肘捅捅他,脸上的表情仿佛是说:"喂,他唱得怎么样?"那侍者(凭他满脸的笑容,我已看出歌唱给他的愉快),为了回答厨子,便耸耸肩膀表示说:这很难使他感到惊奇,比这好得多的他都听过。

在歌唱的间隔中,当那歌手咳嗽两声清清嗓子时,我就问侍者,他是什么人,是不是常上这儿来。

"是的,夏天里总要来两三次,"侍者答道,"他是从阿尔戈维亚来的。不过是个要饭的罢了。"

"怎么,有很多像他这样的人来吗?"我问道。

"是的,是的。"侍者一下子没明白我问的话,就回答说。可是后来他懂了,又补充说:"哦,不!我在这儿就看见他一个。再没别人了。"

在这个时候,那矮小的人唱完了第一支歌,敏捷地把吉他往怀里一抱,接着就用德国 patois① 自言自语地说了几句什么;这话我不懂,可是引得周围的人都哈哈大笑起来。

"他说什么?"我问道。

"他说他的嗓子太干了,要喝点酒。"那站在我旁边的侍者翻译给我听。

"嗯,他大概爱喝酒吧?"

"这种人都这样。"侍者答道,笑着对他挥了挥手。

那歌手摘下帽子,抡着吉他,走近了旅馆。他仰着头,面对站在窗子里和阳台上的绅士淑女们。"Messieurs et mesdames,"他用半带意大利、半带德国的口音和魔术家对观众讲话时所用的语气说,"si vous croyez que je gagne quelque chosse vous vous trompez; je ne suis qu'un bauvre tiaple."⑦他停顿了,沉默了片刻,可是因为谁也没有给他什么,他又扬了扬吉他说:"A prèsent, messieurs et mesdames, je vous chanterai l'air du Righi."⑧上面的听众默不作声,可是仍旧站在那儿等听下一支歌曲;下面的人群都笑了,也许因为他的说法非常奇怪,而且因为谁也没把任何东西给他。我给了他几个生丁,他灵活地把它们从这只手里扔到那只手里,然后藏进坎肩的口袋里,接着,便戴上了帽子,又开始唱起那支他管它叫 l'air du Righi 的、优美动人的蒂罗尔歌来。他留着最后唱的这支歌,比所有先头唱的歌都更出色,因此,在逐渐增多的人群中从四面八方传出了赞叹声。他唱完了这支歌,又抡着吉他,摘下帽子,把它向前伸去,然后,向着窗子迈了两步,接着又说了那句费解的话:"Messieurs et mesdames, si vous croyez que je gagne quelque chosse."⑨显然,他认为这句话非常巧妙和俏皮,可是在他的声音和动作中,我现在看出了某种由于他那矮小的身材而特别显著的踌躇的心情和孩子般的胆怯。那些文雅的听众还是在辉煌的灯光中,美丽如画地站在阳台上和窗子里,他们的盛装艳服闪闪发光;其中有几个人用相当低沉的声音显然在互相谈论那伸着手站在他们面前的歌手,还有几个人用好奇的眼光俯视着那小小的黑影子,从一个阳台上传出了一个年轻姑娘的嘹亮欢愉的笑声。在下面的人群中,话声和笑声越来越大了。

原文

歌手第三次重复了他那句话,可是他的声音却更微弱了,甚至没有把话说完,就又把拿着帽子的手伸出去,可是马上就缩回来了。就是在第二次,从那几百个穿着漂亮、来听他歌唱的人们中,甚至也没一个人扔给他一个戈比。人群冷酷无情地哈哈大笑起来。我觉得那小小的歌手显得更小了;他用一只手拿着吉他,另一只手拿着帽子在头上扬了扬,说:"Messieurs et mesdames, je vous remercie et je vous souhaite une bonne nuit."⑩然后又戴上帽子。人群高兴得哈哈大笑起来。彼此悠闲地交谈着的漂亮绅士和太太们,从阳台上渐渐地消逝了。人们又重新开始在林荫路上散步。在歌唱时一度寂静过的街道又热闹起来,只有几个人没有走过来,从远远的地方瞧着歌者在笑。我听见那矮小的人嘟嘟哝哝地说了些什么,转了转身,好像显得更小了,便迈着快步向市内走去。那些快乐逍遥地散步的人还是在离他不远的地方瞧着他笑……

我完全惘然若失了,不明白这一切是什么意思。因此,我站在那个地方,茫然地凝视着那迈着大步飞也似的向市内走去、逐渐在黑暗中消逝的小小的人儿,凝视着那些跟在他后面嘻嘻哈哈地散步的人。我感到痛苦、忧郁,尤其是替那小小的人、替人群、替我自己感到可耻,好像是我自己向人家讨钱,他们什么也没给我,还要嘲笑我一样。我也没有回头张望,带着揪心的痛苦,迈着快步向瑞士旅馆的门口走去。我还捉摸不透自己的感情,可是,我只知道有某种沉重的、无法摆脱的东西充塞在我的心头,使我感到压抑。

在富丽堂皇、灯火通明的大门口,我遇见了那彬彬有礼地让路的看门人和一家子英国人。一位健壮、漂亮、高个子的绅士,留着英国式的浓黑的络腮胡子,戴着一顶黑呢帽,胳膊上搭着一条格子花呢披巾,手里拿着一根很值钱的手杖,和一位身穿色彩离奇的绸连衣裙、戴一顶镶有发亮的缎带和好看的花边的女帽的太太,手挽着手,懒洋洋地、傲岸地走着。在他们旁边走着的是一位如花似玉的小姐,戴着一顶精美的瑞士女帽,上面斜插着一支羽毛,à la mousquetaire,①帽子下面她那白皙的脸蛋的周围,纷垂着一绺绺柔软的、纤细的、淡褐色的鬈发。在他们前面,一个近十岁、脸色绯红的小姑娘一蹦一跳地走着,从精致的花边下露出那双白胖的小膝盖。

"夜色可美哪。"当我从他们身边走过的时候,那位太太用甜蜜幸福的声调说。

"嗯!"那英国人懒洋洋地嗯了一声,显然,他在世上活着真是好得连话都懒得说。甚至所有他们这种人都觉得在世上活着是非常宁静、舒服、整洁和容易的;他们的动作和表情现出了对任何别人的生活的冷淡;他们绝对相信看门人会给他们让路和鞠躬,散步回来,他们会找到整洁舒适的床铺和房间,他们相信这是天经地义的,他们有充分的权利享用这一切,——因此,我就突然不禁把他们和那刚才羞惭地逃避嘲笑的人群的、疲惫或许饥饿的流浪歌手作了一个对比,我明白了刚才像石头似的压在我心头的是什么,同时,对这些人感到了说不出的义愤。我在这个英国人身边来回地走了两次,每次我都没有给他让路,而是用胳膊肘推开他,因而感到说不出的快乐。然后,我就走下了门口的台阶,穿过黑暗,朝市内的方向——那个矮小的人消失了的地方跑去。

赶上了三个在一块儿走路的人,我问他们歌手上哪儿去了;他们笑了,指给我看他在前面。他独自快步走着,没有人走近他;我觉得他还在气愤地嘟哝着什么。我赶上了他,提议同他上什么地方去喝瓶酒。他还是那样快地走着,而且不满意地回头瞧瞧我;可是,在他弄明白了是怎么回事时,他就站住了。

"好吧,如果您有这种好意,我并不拒绝,"他说,"那儿有家小咖啡店,我们可以上那儿去——是个普普通通的地方。"他补充这句话时,指

原文

着那家门还开着的小酒馆。

他这个"普普通通的"词儿不由得使我联想到不要上那家普普通通的咖啡店去,而到那些曾听过他歌唱的人们住的瑞士旅馆去。虽然他怀着胆怯的激动几次谢绝到瑞士旅馆去,说那儿太讲究了,但是在我的坚持下,他还是同意了;于是他装出一副毫无窘态的样子,兴高采烈地抡动着吉他,和我沿着堤岸往回走。几个悠闲地散步的人,在我刚一走到歌手跟前时,就走近前来倾听我说话,现在,他们彼此之间一面唧唧哝哝,一面跟着我们走到了旅馆门口,大概是盼望那蒂罗尔人还有什么演奏。

我在过道里遇见一个侍者,便向他要一瓶葡萄酒。他笑眯眯地瞧瞧我们,什么话也没说,就跑过去了。我向侍者头儿提出了同样的要求,他一本正经地听完了我的话,又把那胆怯的、矮小的歌手从头到脚打量了一番,便严厉地叫看门人把我们领到左边的大厅里去。这个左边的大厅是个接待普通人的酒吧间。在这个屋子的角落里,一个驼背的女用人正在洗碗碟;全部家具只有几张没漆过的木头桌子和几条长板凳。招待我们的侍者露出和颜悦色、但却含有嘲笑意味的微笑瞧着我们,而且他把两手插在两边口袋里,和那洗碗碟的驼背女人交谈着什么。他显然想让我们知道,他觉得自己凭社会地位和身份要比歌手高得多,他对侍候我们不但不感到耻辱,甚至觉得非常有趣。

(芳 信 译)

| 注 释 |

① 法语,意为"有才智的人"。
② 法语,意为"波尔卡舞"。

③ 杜伊勒利宫，旧时法国王宫，今已废，改建成花园。
④ 法语，意为"公共餐桌"。
⑤ 奥地利西部与意大利北部的一个区，在阿尔卑斯山中。
⑥ 法语，意为"方言"。
⑦ 法语，意为"先生们太太们，如果你们以为我是要挣点钱，那你们就错了；我是个穷人"。
⑧ 法语，意为"现在，先生们太太们，我要给你们唱一首里吉民歌"。
⑨ 法语，意为"先生们太太们，如果你们以为我是要挣点钱"。
⑩ 法语，意为"先生们太太们，谢谢你们，我祝你们晚安"。
⑪ 法语，意为"像火枪手那样"。

| 赏　析 |

黑塞曾经说过，真正的文学是一定永远有读者的，因为它们包容了人间的基本真理和真相。的确，这部小说充溢着人性自古以来延续着的丑恶和人类生活的不平等的普遍真相。阅读这篇作品，可以看见作者灵魂深处迸射出来的怒火，可以感到他内心深处的苦苦挣扎，可以听见他无可奈何的深深叹息。

作品没有波澜起伏的情节，只是用一种生命的冲动与激情行文。在写故事的同时，更多加入的是作者的所见所闻所思，散文化倾向十分明显。选文的开头对琉森的风光进行了细腻的描写，瑞士旅馆门前的晚景，是那样美丽动人，令人陶醉：湖水的颜色是"燃烧着的硫黄"，湖岸又"芳草芬披"，大气是"柔和的、晶莹的、蔚蓝色的"，"到处都在动，都是不均衡，是离奇变幻，是光怪陆离的阴影和线条的无穷的混合和错综，而万物之中却蕴藏着宁静、柔和、统一和美的必然性"。但一条人工堤岸却愚蠢、粗暴地破坏了这种美感。这其实暗示了社会生活中的不和谐，以及由此带来的内心冲突。

赏析

后文中写就餐时绅士淑女们的故作高雅与骨子里的冷漠让"我"难以忍受,"我"的好心情被搅乱了。迷人的大自然和"文明"世界就这样突兀地对立起来,刺痛读者的双眼,让人看到了文明异化后的丑陋可笑与装腔作势。

当"我"为此而抑郁失落时,流浪歌手的歌唱像"一道明亮快乐的光辉射进了我的心里",让我感觉生活重新有了意义和魅力。美妙的音乐是一种美的享受,是世界上最大的幸福。可是瑞士旅馆里的人们却傲慢无礼地对待这神圣的美,嘲笑歌手的劳动,无视"下等人"的尊严,不肯扔给歌手一个半个钱币。他们个个自命不凡,认为世界上最大的幸福就是有钱,平庸的生活已经把他们弄得头昏脑涨、腐化堕落。"我"为他们感到羞愧不已,不顾他人把"我"当作疯子去接近歌手。可是,更悲哀的还在后头。那些"上等人"庸俗、冷血也就罢了,连旅馆的侍者,这些也在社会底层挣扎的人们,都觉得自己的社会地位和身份要比歌手高得多,竟抛开侍者应有的礼节,慢待起客人来。被践踏惯了的不去自强,而变本加厉地去践踏在世俗眼光中的"更卑贱者"。从上到下,整个社会已经形成了这样一种思维定势,谁的社会地位高,就可任意欺侮"下等人"。事实上,不但欺侮者认为这是理所当然的,连被欺侮者也认为命该如此。歌手三次恳求人们赏赐时,都因为自惭形秽而胆怯踌躇,面对嘲讽,更是以笑来掩饰自己的失落,不敢表现出一点点的不满。

于是"我"愤怒了,他的良心,他的使命感不容许他同流合污,或者做一个沉默者。他强烈指责侍者的势利,故意碰撞高贵的英国人,借机宣泄心中的愤懑与不满。可是这种在别人眼光中的"愚蠢的幼稚的憎恨",只是把自己折磨得心力交瘁,冷漠者依旧冷漠,鄙夷者仍然鄙夷,这些基督徒还是会用冷酷和嘲笑来对付下一个不幸者,并从中找到快乐。"我"因这些困惑与痛苦半夜独自徘徊于堤岸之上,陷入了沉思。作者用一连串的反问,对那种不合理的现象进行了尖锐的质疑:"文明是善,野蛮是恶;自由是善,束缚是恶。正是这种臆想的知识把人类天性中那种本能的、最幸福的、原始的对于善的需要给消灭了。"在重重的社会矛盾面前,哪里才是消灭社会罪

> 原文

恶的途径,长长的思索也不能理出一个答案。既然找不到路,就只能寻找超乎人类力量的存在,只好呼吁人们按照"永恒的宗教真理"生活,只能对自己说,"你没有权利可怜他,也没有权利为那勋爵的富裕生气"。仁慈的上帝既然容许矛盾的存在,就是宽广的怜悯,人就该从自身反省,找回自己身上的原始的人性美,皈依上帝,接受上帝的净化与救赎。这就是典型的早期"托尔斯泰主义"的要义。

(范天妮)

哥萨克

| 作品提要 |

贵族青年军官德米特里·奥列宁厌倦了莫斯科的"喧嚣的上层社会",来到遥远的高加索,希望过一种接近大自然的、单纯的"新生活"。他爱上了美丽的哥萨克姑娘玛丽亚娜,认识了她的未婚夫卢卡希卡和村里其他一些居民。他渐渐熟悉了哥萨克人的日常生活,怀着欢乐的心情来接近这些普通人。但他终于摆脱不掉贵族阶级的偏见和都市文明对他的根深蒂固的影响,在哥萨克人眼中他始终是个外人。最后,奥列宁在他认为最亲密的人都对他很冷淡的情况下,离开了哥萨克村。

| 作品选录 |

二十

第二天,奥列宁独自一人去他们把鹿惊跑的地方。他不走大门,也

原文

像村里人那样,从有很多荆棘的篱笆翻过去。他还没来得及把挂在刺上的束腰无领长袍摘掉,他那条跑到前面的狗已经惊起了两只野鸡。他一进入乌荆子丛里,每走一步都有野鸡惊起(老汉昨天没有把这个地方告诉他,他是想留着用网子来捕的)。奥列宁放了十二枪打死五只,他披荆斩棘地寻找打死的野鸡,累得汗流浃背。他把狗唤回来,拉开扳机,把子弹放进霰弹里,用长袍袖子挥着蚊子,不声不响地向昨天那个地方走去。但是唤着狗是不可能的,它在路上还是跟踪追迹,他又打死两只野鸡,去捡它们又耽搁了一会儿,直到中午他才找到昨天到过的地方。

天气十分明净,寂静,炎热。早晨那股清凉,甚至在林中也灼干了,无数的蚊虫简直把脸、背和手叮得满满的。狗由黑的变成青灰色的:它的背上落满了蚊子。那件长袍也变成这样的颜色。奥列宁打算逃开这些蚊子;他觉得,夏天简直无法在村里居住。他已经走回家去了;但是他想到,这里也是人住的地方,于是决心忍受着,让它去咬。说也奇怪,快到中午时分,这种感觉甚至使他愉快。他甚至觉得,如果在他四周没有被蚊子包围的气氛,没有在汗湿的脸上一抹就是一手的蚊虫稠浆,以及周身坐立不安的痒痒,那么,这里的森林就会失去它的特色和魅力。这无数的蚊虫跟这里无比丰富的野生森林,跟这里充满森林的无数鸟兽,跟这里深绿的叶子,跟这里芳香的暑热的空气,以及跟这里到处从捷列克河渗透出来的、在低垂的树叶下潺潺流水的浑浊的沟渠,都极相称,因此先前他觉得可怕而且无法忍受的,现在反倒觉得愉快了。他把昨天发现鹿的地方走了一遍,但他什么也没遇见。他想休息一下。太阳高悬在森林上空,当他走到空地或者路上的时候,阳光一个劲地直射到他的背上和头上。七只沉重的野鸡压得他腰酸背疼。他找到昨天的鹿的蹄印,从灌木丛里钻到森林的深处,钻到昨天鹿睡觉的地方,他就

原文

在鹿窝旁边躺下来。他观察了一下周围深绿的树木,观察了一下被鹿汗湿的地方、昨天的鹿粪、鹿的膝盖的印记、鹿掘起的一块黑土以及昨天自己的脚印。他觉得又凉快又舒适;他什么也不想,什么也不希望。忽然,他心头涌现一种奇怪的感情——无缘无故的幸福和对一切的爱,于是他按照童年的老习惯画十字,并且对某人表示感谢。他忽然特别清醒地感觉到:"我德米特里·安德烈耶维奇·奥列宁是一个与众不同的人,我现在独自一人躺在天晓得什么地方,躺在鹿住的地方,这是一只美丽的老鹿,也许它从来没见过人,躺在从来没有人坐过、也没人想到的地方。我坐在这里,周围是小树和老树,其中有一棵缠着野葡萄藤;离我不远有野鸡互相追逐,四处乱窜,它们也许已经闻到被打死的弟兄们。"他摸了摸自己的野鸡,把它们察看一遍,在长袍上擦了擦温暖的血淋淋的手。"也许豺狼也闻到了,露出不满的面孔钻到别的地方去了。在我周围,一个、两个、三个、四个、一百个、一千个、百万个蚊子,在它们看来像巨大的绿洲似的树叶之间飞来飞去,它们在空中嗡嗡地叫,它们在我附近全都嗡嗡地述说着什么和为了某事而述说着,它们每个也都像我似的,是一个与众不同的德米特里·安德烈耶维奇·奥列宁。"他清清楚楚地想象到蚊子在想什么和嗡嗡地叫什么。"到这儿来,到这儿来,弟兄们!这儿有人可以吃。"它们嗡嗡地叫着说,从四面八方向他围攻。他这时明白了,他并不是什么俄国贵族,莫斯科交际场中的人,某人某人的朋友和亲戚。而不过是一个蚊子,或者是一个野鸡,或者是一只鹿,就像现在活在他周围的一切生物一样。"就像他们一样,像叶罗什卡大叔一样,活些时候就死去。他说得对:不过坟头上长长青草罢了。"

"坟上长青草又有什么大不了的?"他继续想下去,"还是要活下去,要活得幸福;因为我只希望一件事情——幸福。不管我是什么,就算是

原文

一个野兽,跟一切动物一样,在它坟头上只长青草,此外什么也没有,或者我是一个躯壳,其中安装着上帝的一部分,即使这样,我还是要以最好的方式生活。为了要活得幸福,应当怎样生活呢?为什么我以前是不幸福的呢?"于是他开始回忆他从前的生活,可是他对自己厌恶起来。他觉得自己曾是一个苛刻的利己主义者,虽然他当时实在并不需要什么。他不住地往四外张望,看看被阳光穿透的绿荫,看看落日和明朗的天空,始终觉得自己跟刚才一样幸福。"为什么我现在是幸福的?以前我为了什么而生活?"他想道。"我为了自己曾是多么苛求,曾是如何挖空心思而一无所得,得到的只是耻辱和痛苦!而我现在并不需要什么却得到了幸福!"忽然有一道新的光明使他豁然开朗。"幸福原来是这样的,"他自言自语地说,"幸福乃在于为他人而生活。这一点是明确的。人人都有获得幸福的要求;因此,这种要求是合乎情理的。用自私自利的方法满足这种要求,也就是说,为自己寻求财富、荣誉、舒适的生活、爱情,可是,有时由于种种情况,不可能满足这些欲望。由此看来,不合乎情理的是这些欲望,而不是想获得幸福的要求。不论外界的条件如何,而永远都可以得到满足的是什么欲望呢?究竟是什么呢?是爱,是自我牺牲!"发现了这个在他看来是新的真理以后,他是如此高兴和激动,他跳起来,急不可待地想寻找他可以为之快点牺牲自己的人,可以为之做善事的人,可以爱的人。"既然我什么都不需要,"他老是在想,"为什么不为他人而生活呢?"他拿起枪,一心想快点回家去好好想想这个问题,并且找一个做善事的机会,他于是就走出了密林。来到空地上,他张望了一下:太阳已经从树梢上看不见了,空气有点凉意,地形变得完全认不出了,不像是村子四周。忽然一切都变了——气候和森林的性格都不同了:天空遮满乌云,风在树梢上簌簌作响,周围只能看见芦苇和年深日久的折断的树木。他唤那条离开他去追逐什么野兽的

原文

狗,他的声音仿佛是从荒野发出的回声。他忽然不寒而栗。他害怕起来。他想到阿布列克和人家给他讲的谋杀事件,他在等待着:马上就会从随便哪棵灌木里跳出一个车臣人,那他就得保卫自己的生命,或者死去,或者贪生怕死。他想起了上帝和未来的生活,好像很久没想起这些了。周围是同样阴暗的、严酷的、荒野的自然景物。"值得不值得为自己而生活,"他想道,"而你眼看就要死去,而且没有做一件善事默默无闻地死去。"他朝着他认为是往村子的方向走去。他已经不再想打猎的事,他感到难以支持的疲倦,他特别注意地、几乎是带着恐怖张望每棵灌木和每棵树,每分钟都在期待着生命的终结。转了半天,他走到一条沟渠,沟渠里流着从捷列克河流来的带沙的冰冷的水;为了不再乱撞,他决定沿着沟渠走。他走着,连他自己也不知道这条沟渠会把他引到什么地方。忽然芦苇在他背后响了一声。他吓了一跳,抓起了枪。他害羞了;原来是过于热心的狗呼呼地喘着气跳到凉水沟里,在那里喝水呢。

他和狗一起喝足了水,朝着狗奔跑的方向走去,他认为狗会把他领到村子。虽然有狗做伴,但是他总觉得周围愈来愈阴惨。森林发暗了,风愈来愈厉害地刮着折断了枝子的老树顶梢。有几只大鸟一边尖叫,一边绕着这些老树上的巢盘旋。植物变得更贫乏了,更常碰见簌簌作响的芦苇和满是兽类足迹的不生草木的林中沙地。在轰隆的风声中,还夹杂着一种令人不快的单调的呜呜声。他心里简直变得阴森森的了。他摸了摸腰后的野鸡,有一只不见了。那只野鸡坠断了绳子,丢掉了,只剩下血淋淋的脖颈和头蠹在腰后。他从来没有这样觉得可怕。他开始祈祷上帝,他只怕一件事——没做一点善事和好事就死掉;他是这样希望活着,为了完成自我牺牲的伟绩活着。

原文

二十六

"是啊,"奥列宁回家的时候想道,"只要我放松一点缰绳,我就会疯狂地爱上这个哥萨克姑娘的。"他躺下睡觉,这些思绪还在心头萦绕着,但是他以为这一切会过去的,他会回到先前的生活上去的。

但是先前的生活没有回来。他对玛丽亚娜的态度变了。先前把他们隔开的墙毁坏了。奥列宁每次碰见她,都跟她问好。

男主人回来收房钱,听说奥列宁有钱而且慷慨,就请他到自己家里做客。老太婆和蔼地接待他。从晚会那天起,奥列宁晚上常到房东家里去,在他们那里一直坐到夜里。他觉得他在村子里的生活依然如故,但是他心中的一切都翻转了。他在森林中消磨一天,一到八点钟,天刚黑,他就独自一人或者和叶罗什卡大叔一起到房东家里。房东对他已经习以为常,他不去反倒使他们觉得奇怪。他付酒钱很痛快,人也老实。瓦纽沙给他送茶;他靠近炉子坐在墙角里;老太婆一点不拘束地做自己的事,他们一面喝茶或者喝奇希尔,一面谈些哥萨克人的生活,谈邻居,谈俄罗斯的事情(关于俄罗斯的事情,由奥列宁来讲,别人来问)。有时他捧着书在那里默读。玛丽亚娜像只野山羊,跪坐在炉炕上或者黑暗的角落里。她不参加谈话,但是奥列宁看见她的眼睛、脸,听见她的动作、嗑葵瓜子的声音,感觉她用全副精神听他说话,并且当他默默地看书时,他感到她就在跟前。有时他觉得,她的眼睛注视着他,跟她那神采奕奕的目光相遇时,他不由得停止了说话,端详着她。她于是马上藏起来,他假装忙着跟老太婆谈话,而其实是在静听她的呼吸,静听她的一举一动,并且又在等待她的目光。在别人面前,她对他多半是快乐而且和蔼,可是单独和他在一起时,她是生硬而且粗暴。有时他到他们那里去,玛丽亚娜还没有从外面回来:忽然听见她的有力的脚步声,她的蓝色印花布的长衫在打开的门里闪了一下。她走到屋子中间,看见他,她的眼睛露出一丝甜蜜的笑意,于是他就觉得快乐而且可怕。

他对她无所求,也不希望什么,可是,能有她在跟前,对于他一天比一天变得更为必要了。

奥列宁对哥萨克村子的生活是如此习惯,过去对于他仿佛完全成为陌生的了;未来,特别是在他现在生活的环境以外的未来,简直使他不感兴趣。接到家里或者亲戚朋友的信,他感到受了侮辱,因为他们把他当作一个似乎毁灭的人而为他悲伤,可是,他在这村子里却认为那些不愿像他这样过生活的人才是毁灭了的。他深信,他脱离了从前的生活,并且这样离群索居和与众不同地在这村子安顿下来,他永远不会后悔的。在出征时,在要塞驻扎时,他觉得很好;但只有在这里,只有在叶罗什卡大叔的庇荫下,在这森林里,在这所村头的茅屋里,特别是在想起玛丽亚娜和卢卡什卡的时候,他对他从前所过的生活的全部的虚伪才看得清楚,那种虚伪当时已经使他愤怒,而现在简直使他觉得难以形容地厌恶和可笑。他一天比一天感到自己在这里更自由,更是一个人。他觉得高加索跟他所想象的完全不同。在这里,他找不到任何与他的一切幻想和与他所听到和读到的关于高加索的一切描写相像的东西。"这里没有什么毡斗篷、悬崖、阿马拉特-别克、英雄和强盗,"他想道,"人们像大自然一样地生活着:死,生,结合,再生,战斗,喝酒,吃饭,欢乐,然后又死,除了受自然加之于太阳、青草、野兽、树木的那些条件限制之外,不受任何条件的限制。他们没有其他的法则……"因此,这里的人跟他本人比较起来,他觉得是美好的,强健的,自由的,看见他们,他就为自己羞愧而且难过。他常常真的产生了这样的念头:扔掉一切,入哥萨克籍,买一所小茅屋和牲口,娶一个哥萨克姑娘——就是不娶玛丽亚娜,他把她让给卢卡什卡了,和叶罗什卡住在一起,同他去打猎,捕

原文

鱼,跟哥萨克一同出征。"为什么我不这样做呢?我还等什么呢?"他这样问自己。他怂恿自己,羞辱自己:"难道我怕做那自己认为合理而且正确的事吗?难道愿意做一个普通的哥萨克,接近大自然,不损害任何人,而且还给人们做好事,难道幻想这一些比我从前所幻想的更愚蠢吗?比方说,从前曾幻想做部长,做团长。"但是有一种声音对他说,叫他等一等,先别忙决定。有一种模糊的意识使他踌躇不决,他仿佛觉得他不能完全过叶罗什卡和卢卡什卡的生活,因为他有另一种幸福,他老是在想,幸福在于自我牺牲。他对卢卡什卡的慷慨行为仍然不断使他快乐,他经常寻找为别人牺牲自己的机会,但这种机会没有出现。有时他忘记了这个重新被他发现的获得幸福的单方,认为自己可以同叶罗什卡大叔的生活交融起来;但是后来忽然醒悟过来,立刻抓住这个思想——自觉的自我牺牲,并且凭借这个思想,他心安理得地、骄傲地看待所有的人和别人的幸福。

三十四

写完了信,奥列宁在很晚的时候走进房东家里。老太婆坐在炉后长凳子上缫丝。玛丽亚娜没有包头布在烛火旁边缝东西。她看见奥列宁,就一跃而起,拿起头巾,向炉子走去。

"怎么啦,同我们坐一会儿,玛丽亚奴什卡。"母亲说。

"不,我光着头呢。"她跳上了灶炕。

奥列宁只能看见她的膝盖和垂下来的匀称的小腿。他请老太婆喝茶。老太婆叫玛丽亚娜去把熟奶油拿来待客。玛丽亚娜把一碟奶油放在桌上,又跳上了炕炉,奥列宁只能感觉到她的一双眼睛。他和老太婆谈家务事。老婆子乌莉特卡兴头上来了,欢欢喜喜地招待客人。她给奥列宁拿来糖渍的葡萄,葡萄烙饼,最好的葡萄酒,她在让奥列宁吃东西时,那种为普通老百姓所特有的粗鲁而骄傲的殷勤好客劲儿,只有用自己的体力挣面包的人才有。老太婆先前曾以其粗暴使奥列宁吃惊,现在则以她对女儿的纯真的温柔使他感动。

"对上帝没有什么可埋怨的!谢天谢地,我们啥都有,榨了许多奇希尔,腌了很多咸菜,卖了三桶葡萄酒,剩下的够喝的了。你慢一点离开这儿。咱们在办喜事的日子好好地乐一乐。"

"婚礼什么时候举行?"奥列宁问道,他忽然感觉血液涌到脸上,心也不平稳地、痛苦地跳动起来。

灶炕后面有人在动弹,可以听见嗑葵瓜子的声音。

"婚礼就在下礼拜举行。我们正在准备,"老太婆回答得那么随便而平静,就仿佛奥列宁不在跟前而且世上根本没有他这个人似的,"我给玛丽亚奴什卡什么都准备好了。我们要排排场场地把她嫁出去。只有一样怪不顺心的:听说我们的卢卡什卡玩野了。简直玩野了!胡闹!前些日子从队上来了一个哥萨克,说是他到诺盖去过。"

"当心别给人捉住。"奥列宁说。

"我也说过:卢卡什卡啊,不要胡闹!当然啰,年轻人喜欢胡作非为。但是什么事都得有个尽头。你得了一些东西,偷了马,打死了阿布列克,是好样的!那就老老实实地生活吧。不然就会弄得糟透了。"

"是啊,我在队上看见过他两次,他总是在玩乐。还卖了一匹马。"奥列宁说着,就扭头向灶炕上望了望。

一双又黑又大的眼睛向他闪着严厉的、不友好的光芒。他开始为他说的话感到羞耻。

"那有什么!他并没对任何人做过坏事,"玛丽亚娜忽然说,"他用自己的钱玩乐。"她把腿放下,从炕炉上跳下来,就走了出去,用力把门带上。

原文

当她在屋子里的时候,奥列宁一双眼睛始终盯视着她。现在他望着门,等待着,老太婆乌莉特卡对他说的话,他一点也没听明白。过了一会儿来了几个客人:老人(老太婆乌莉特卡的哥哥)和叶罗什卡大叔,后面跟着玛丽亚娜和乌斯坚卡。

"你们好啊?"乌斯坚卡尖声尖气地说。"你总是在玩?"乌斯坚卡转身对奥列宁说。

"是啊,我总是在玩。"他回答,不知为什么他忽然感到害羞和不好意思。

他想走,但是走不了。不说话,他也觉得不可能。老人帮了他的忙:他要来了酒,于是他们喝起来。然后奥列宁和叶罗什卡干杯。然后他跟另一个哥萨克干杯。然后他又跟叶罗什卡干杯。奥列宁喝得越多,他的心头越沉重。可是老人们兴致越来越高。两个姑娘坐在灶炕上望着他们,唧唧咕咕地低语,他们一直喝到天色很晚。奥列宁一句话没说,喝得比谁都多。老人们在嚷嚷什么。老太婆把他们赶了出去,不再给他们奇希尔。姑娘们嘲笑叶罗什卡大叔,当他们走出门廊的时候,已经十点左右了。老人们自动到奥列宁那里玩了个通宵。乌斯坚卡跑回家去。叶罗什卡领着哥萨克老人到瓦纽沙那里。老太婆去收拾藏奶室。玛丽亚娜一个人留在屋里。奥列宁感到精神爽朗而旺盛,就仿佛刚睡醒似的。他留意地观察了一切,让老人们先走,他又回到屋里:玛丽亚娜正准备睡觉。他走到她跟前,想对她说话,但是他的声音断了。她把腿压在身下坐在床上,向角落里躲避他,用吃惊的怯生生的目光默默地望着他。她显然是怕他。奥列宁感觉到这一点。怜悯和羞耻之情在他心中油然而生,同时他又感到骄傲的满足,因为他在她心中总算激起了这点感情。

"玛丽亚娜!"他说,"难道你永远不可怜我吗? 我说不出我是多么

原文

爱你。"

她躲得更远。

"你听你说的什么醉话。你从我身上什么都得不到!"

"不,不是醉话。不要嫁给卢卡什卡。我娶你。"他在说这几句话的时候,心中想道:"我说的是什么话啊?明天我还会说这同样的话吗?会说的,一定会说,现在我要重复地说,"内心的声音回答他。"嫁给我吧?"

她严肃地看着他,她的畏惧好像已经过去了。

"玛丽亚娜!我要发疯了。我管不住自己了。你命令我做什么,我就做什么。"疯疯癫癫的温柔的话脱口而出。

"你胡说什么。"她打断了他的话,忽然抓住他向她伸过来的手。但是她没有把他的手推开,而是用自己的有力的粗硬的手指紧紧地握住它。"难道老爷们能娶乡下姑娘吗?你走吧!"

"你愿不愿意嫁给我啊?反正我……"

"那把卢卡什卡放到哪儿去啊?"她笑着说。

他挣脱了她握住的那只手,用力地抱住她那年轻的身体。可是她像一只小鹿似的一纵身,赤着脚跳下了床,就向台阶上跑去。奥列宁清醒过来,对自己的行为吃了一惊。比起她来,他又显得难以形容地丑恶。但是他丝毫不后悔他所说的话,他走回家去,对那些正在他那里喝酒的老人们一眼不看就躺下睡了,他睡得那么香甜,好久以来他就没有睡过这样的觉了。

(刘辽逸 译)

| 赏析 |

奥列宁来到高加索,大自然的气息就浓浓地扑面而来,哥萨克的女人

赏析

健康纯朴,哥萨克的老人粗犷豪迈,哥萨克的生活诗意简单。远离了"文明"的"毒雾"熏染,哥萨克俨然像一块未经雕琢的璞玉,一切显得那么和谐自然。活在其中的人,没有虚伪做作感,不必为了迎合他人而戴上面具,人性自由很少受到约束。在这里,奥列宁感到了自己以往的渺小、丑恶与虚伪。他的心灵开始苏醒,他感到万物平等的高尚,感到简单真诚的幸福,看到了人生的希望。这种自我的净化,使他一天天地变成一个"真正的人"。他对从前的生活产生厌恶感,体悟到"幸福乃在于为他人而活",而那些自私自利的欲望根本不是幸福的所在,而只是人性的污垢。他觉得他应该为他人做点好事与善事,于是在送给卢卡什卡马匹后,就不由得"像十二岁的孩子一样感到幸福"。在哥萨克生活得越久,他就越看清他从前所过的生活的全部的虚伪,"那种虚伪当时已经使他愤怒,而现在简直使他觉得难以形容地厌恶和可笑。他一天比一天感到自己在这里更自由,更是一个人"。他渴望融入哥萨克人民中,"像大自然一样地生活着","入哥萨克籍,买一所小茅屋和牲口,娶一个哥萨克姑娘"。他梦想做一个单纯的哥萨克人,在大自然中生活,享有一种道法自然的生存智慧,在与自然环境的和谐统一中趋向理想的生命境界。

但是作为一个外来人,真的那么容易进入哥萨克社会吗?答案是否定的。家人和亲戚朋友因为他如此习惯哥萨克的生活而把他当作一个"近乎毁灭的人"而悲伤。奥列宁的内心深处也有一个声音让他迟迟下不了决心,"有一种模糊的意识使他踌躇不决,他仿佛觉得他不能完全过叶罗什卡和卢卡什卡的生活"。为什么不能过他们的生活?他给自己找了一个相当好的理由:"因为他有另一种幸福,他老是在想,幸福在于自我牺牲。"难道加入哥萨克籍后他就不能继续体验这种幸福了吗?事实上是,奥列宁还不能肯定自己能完全摆脱他的贵族地主的生活习气,虽然这种生活十分腐朽与虚伪,但过惯了奢侈生活的他对于那种纸醉金迷、醉生梦死还有那么一点点留恋。虽然他不会承认,但内心的欲望还在不时地冒泡。在意识深

赏析

处,他的思维方式和行为习惯,仍然是游离于哥萨克群体之外的,他无法与他们融为一体。

满足自己的欲望是人的本能,即使是道德净化后的奥列宁也难以免俗。当他在哥萨克住久了,新鲜感慢慢消失,一切归于平静后,人性的阴暗一面便慢慢地浮出水面了。这尤其表现在他对待玛丽亚娜的爱情上。他一开始告诉自己,"娶一个哥萨克姑娘,就是不娶玛丽亚娜",决定把她"让给卢卡什卡",可是当他发现自己没有玛丽亚娜几乎活不下去时,便不顾一切地追求玛丽亚娜,要求玛丽亚娜离开卢卡什卡,嫁给自己。深夜时分,他还经常在玛丽亚娜的房门前徘徊,以解自己的相思之苦。甚至当卢卡什卡受伤、命已垂危的时候,他还是克制不住来到玛丽亚娜身边想向她求婚。此时的奥列宁已经完全被自私自利的欲望所主宰,他的爱情观在本质上已经前后对立——前时期牺牲自己成全他人,后时期则认为,在爱情中,利己的才是幸福的。不出意外地,奥列宁的这种举动遭到了玛丽亚娜的唾弃,他们的爱情自然无果而终。爱情是检验一个人灵魂高下的试金石,由此可见,虽然奥列宁一方面在努力追求新的生活,另一方面又始终无法摆脱原先都市贵族生活方式的影响,而这注定了他的平民化理想的必然失败。于是,他的内心更为彷徨,虽然知道"他所生活过的和他现在要回去的那个社会中的一切都是假的",但他无处可去,只能重新回到肮脏的"文明社会"。

女主人公玛丽亚娜是作者笔下纯朴善良的自然之女,她美丽窈窕、高大端庄,有一双美丽的黑眼睛,略带稚气与野性。她不但具有外在的美,而且是高尚道德的象征,蕴涵着哥萨克人原始的人情美与人性美,是自然中一切美的化身。她整日辛勤劳作,放牧牛羊,无论是在田间地头还是在居家院里,处处可见她的身影。作者努力在她身上创造出美与善的和谐统一。她同别的女孩一样渴求爱情和自由,但决不会以丧失自尊去换取。面对卢卡什卡的求爱,她愿意下嫁却不给他机会胡闹。面对奥列宁的求婚,

赏析

虽然有那么一点心动，但她还是清醒地认识到"老爷们"娶乡下姑娘的不切实际，真心真意地准备嫁给卢卡什卡。在奥列宁说卢卡什卡的坏话时，她很有力地为卢卡什卡辩解，使得奥列宁为自己的私心而感到羞耻。在卢卡什卡伤重垂危之际，更严词拒绝奥列宁。她为被打死的哥萨克伤心，为伤重的卢卡什卡痛哭，对漠视这些痛苦的奥列宁深为厌恶、蔑视与愤恨。在人们聚会作乐的场合，玛丽亚娜自尊自爱，使得轻浮的军官们对她敬而远之，不敢放肆。她严肃而不呆板，活泼但不轻浮，内心纯洁而高尚，自尊自强又自爱，最后使奥列宁不得不承认"这个姑娘是难以接近的"。的确，看到她的美的人有很多，但懂得她的美的人却甚少。或许想要接近她的人也必须有这种美才行吧！

作者对一些次要人物的刻画也很精彩。比如作者写卢卡什卡，有着肖洛霍夫笔下的横刀立马、冲锋陷阵的顿河哥萨克的英姿。写少尉的妻子，有着普通村妇的"八卦"，也有少尉妻子的精明。写少尉的笔墨虽少得可怜，却通过几处正面和侧面描写把少尉的假清高与真世俗表现得淋漓尽致。叶罗什卡大叔作为奥列宁的陪衬，作者费了挺多的笔墨，把这个老人的勇敢、狡猾、率真、豁达深深地刻入读者的脑海。而作者在塑造主人公形象时，大量采用了心理分析的手法。这种心理阐释清晰地展现了主人公心理的转变轨迹，并产生一种拨动人心的精神力量，让人享受着随着语言流动而飘逸出的摄人气息。

托尔斯泰在这部作品里表达了这样一种看法：贵族知识分子只有力求"平民化"，才能够在道德上获得新生；而要做到这一点，就必须克服自己的阶级偏见，抛弃一切都市文明，过原始简单的生活。这是他的回到宗法式农村社会和贵族"平民化"思想在创作中的第一次具体体现。

（范天妮）

> 原文

战争与和平

| 作品提要 |

俄法战争爆发，拿破仑率军入侵俄国。面对岌岌可危的局面，俄军统帅库图佐夫率领俄国军民艰难地抗击敌军，最终拯救了自己的国家。

在这样一个特定的历史时代，俄国上层社会的四大家族——博尔孔斯基家族、罗斯托夫家族、别祖霍夫家族和库拉金家族之间产生了各种牵连和瓜葛。尤其是这些家族中年轻人之间的爱情在变化着。安德烈的妻子因难产，生下儿子之后就死了。从没拥有过真正爱情的安德烈暗暗喜欢上了浑身散发着青春魅力的娜塔莎。然而当安德烈身处战场时，娜塔莎却因受到阿纳托利的蛊惑而背叛了自己的爱情。尼古拉和索尼娅青梅竹马，但最终娶了玛丽亚。皮埃尔和海伦离婚，渐渐地爱上了娜塔莎，最终与之结合。

这些年轻人在精神上也在进行不断的探索，尤以安德烈和皮埃尔为代表。他们渴望内心的安宁，不断地调整自己的思想和行动，以期得到精神上的拯救。安德烈在临死时觉悟到了爱，和这个他曾经在里面挣扎和反抗过的世界做了最后的和解。而皮埃尔与农民普拉东的相遇则改变了他的信仰，开始了新生。

| 作品选录 |

尾声　第一部

七

一八一四年秋天，尼古拉和玛丽亚公爵小姐结了婚，他同妻子、母

原文

亲和索尼娅一起搬到童山去住。

在三年内,他没有出卖妻子的产业就还清了余下的债务,在继承了去世的表姐的一笔不大的遗产后,也还了借皮埃尔的钱。

又过了三年,在快到一八二〇年时,尼古拉重建了家业,买了童山附近的一个小庄园,并为赎回父亲的庄园奥特拉德诺耶进行了谈判,这是他一直藏在心里的梦想。

他开头是出于需要才管理家业的,很快产生了浓厚的兴趣,于是经营管理便成了他心爱的、几乎是惟一的事情。尼古拉是一个普通的地主,不喜欢新的办法,尤其不喜欢当时流行的英国的那一套,嘲笑关于经营管理的理论著作,不喜欢办工厂、生产贵重物品和种植贵重作物,一般不单独经营一个部门的产业。他看到的一直只是一个统一的庄园,而不是它的某个单独的部门。在庄园里,主要的东西不是土壤和空气中的氮和氧,不是特殊的犁和粪肥,而是使氮、氧、粪肥和犁发生作用的主要工具,也就是干活的农民。当尼古拉着手管理家产并深入了解它的各个部门时,特别引起他的注意的是农民;在他看来农民不仅是工具,而且是目的和裁判者。他起初仔细观察农民,力图弄清他们需要什么,了解他们认为什么是好的和坏的,装出发号施令的样子,实际上只是在学习他们的作风、语言和对好坏的判断。直到他了解了农民的爱好和愿望,学会了用他们的语言说话,懂得了他们的话的隐秘的含义,感觉到自己已与农民亲密起来时,他才大胆地管理他们,也就是说,才对农民履行要求他履行的职责。于是尼古拉的经营管理带来了最出色的成果。

尼古拉在开始管理庄园时,凭他天生的洞察力正确无误地指定了庄园管理人、村长和农民代表,要是农民能自己选举的话,他们也会选这些人,这些带头人被指定后,从来没有更换过。在研究粪肥的化学成分之前,在陷入到**借方和贷方**中去(他喜欢带着讽刺这样说)之前,他先去了解农民牲口的头数,千方百计地增加牲口的数量。他赞成农民家庭保持最大的规模,不允许分家。懒汉、浪荡子和软弱无能的人他一律加以惩治,设法将他们从团体中驱逐出去。

在播种以及收割干草和庄稼时,他对自己的田地和农民的田地同样看待。很少有像尼古拉那样的地主,能这样早和这样好地播种和收割庄稼,能有这么多的收益。

他不喜欢管家奴们的事,称他们为**好吃懒做的人**,他这样做,像大家说的那样,是纵容他们,把他们惯坏了;每当需要对一个家奴作某种决定,尤其是需要进行惩罚时,他常常犹豫不决,与家里所有的人商量;只在可以让家奴代替农民去当兵时,他才毫不动摇地送他们去。他对自己所作的与农民有关的所有安排从未有过怀疑。他知道他的任何安排都会得到大家的赞同,反对的只是一个人或几个人。

他不会随心所欲地为难或惩治一个人,同样,也不会单凭自己个人的意愿帮助或奖赏一个人。他说不出衡量该做和不该做的标准是什么;但是在他心里这个标准是明确的和不可动摇的。

他在谈到挫折或混乱时常常这样恼火地说:"**真拿我们俄国老百姓没办法**。"——觉得自己对农民无法容忍。

但是他全心全意地热爱**俄国老百姓**和他们的生活习惯,正因为如此,他才懂得和掌握给他带来很好收益的经营管理的方式方法。

玛丽亚伯爵夫人见丈夫如此爱他的事业,心中不免有些嫉妒,为自己不能分享而感到惋惜,但是不能理解那个陌生的、与她无关的领域给予他的快乐和苦恼。她不能理解,他天亮起了床就到地里或打谷场上去,整个早晨在那里干播种、割草和收庄稼的活计,回来和她一起喝茶时为什么总是那么兴奋和喜气洋洋。她不理解,他在兴致勃勃地讲述

原文

善于经营的富裕农民马特维·叶尔米申一家的事时赞赏的是什么,据他说,这一家人运新割的庄稼运了一个通宵,而这时还没有一家开始收割,而他家的禾捆已垛好了。她不理解,当他看到温暖的细雨落到将要干枯的燕麦的麦苗上,便从窗口走到阳台上,咧开留着短髭的嘴唇微笑,眨着眼睛,这时他为什么这样高兴。她不理解,在割草或收割庄稼时,当风吹散了有可能带来暴雨的乌云,他又红又黑的脸上流着汗水,头发散发出艾蒿和毛连菜的气味,从打谷场跑来,为什么高高兴兴地搓着双手说:"再有一天,我的和农民们的粮食都可以入仓了。"

她更不能理解的是,他心地善良,总是能事先猜到她的愿望并加以满足,而当她向他替一些农妇或农夫求情,请求免除他们的劳役时,为什么他几乎露出绝望的神情,为什么善良的尼古拉坚决拒绝她的请求,生气地要她别多管闲事。她感觉到,他有一个他热爱的特殊世界,那里的规矩她是不明白的。

她竭力想理解他,有时对他说,他的功劳在于给属于他的农民做好事,他生气地回答说:"完全没有;我从来没有想过;我也不会为他们谋什么福利。为了他人的幸福这一套,全是胡思乱想和娘儿们的瞎扯。我要的只是不让我们的儿女们去要饭;要在我活着的时候整顿好我们的家业,就这些。为此需要有秩序,需要严格……就是这样!"他激动地紧握拳头说。"当然还需要公正,"他补充说,"因为如果农民缺衣少食,只有一匹瘦马,那么他既不能为自己,也不能为我干出什么来。"

想必正是因为尼古拉不让自己抱有为别人干事和行善的想法,他做的一切都很有成效,结果他的财产迅速增加;邻近的农民前来求他把他们买下,在他死后很久,老百姓还非常真诚地怀念他治理有方。"是个好东家……把农民的事放在前头,然后才是自己的事。不过也不纵容姑息。一句话,是个好东家!"

原文

八

在管理方面,有一点使尼古拉很苦恼,这就是他容易发火,还有骠骑兵喜欢动手打人的老习惯。开头他认为这没有什么可指责之处,但是到结婚后的第二年,对这种惩罚方式的看法突然发生了变化。

夏天,有一次把接替去世的德龙的村长从鲍古恰罗沃叫来,因为有人揭发他有欺诈行为和玩忽职守。尼古拉到门口去见他,村长刚回答了几句,门廊里就传出了喊叫声和拳打脚踢声。尼古拉回来吃午饭时走到正在低头绣花的妻子面前,开始像平常一样对她讲这天早晨做的事,顺便提到了鲍古恰罗沃的村长。玛丽亚伯爵夫人脸一阵红,一阵白,抿着嘴唇,仍然低着头坐着,没有回答丈夫的话。

"这个厚颜无耻的坏蛋。"他说,一想起那村长就心里有火。"他应该对我说他喝醉了酒,没有看见……你怎么啦,玛丽?"他突然问道。

玛丽亚伯爵夫人抬起头,想要说什么,但是又急忙低下头,抿紧了嘴唇。

"你怎么啦?你怎么啦,亲爱的?……"

长得并不漂亮的玛丽亚伯爵夫人在哭的时候总是显得凄切动人。她从来没有因为痛苦或气恼而哭过,却总是因为悲伤和怜悯而落泪。她哭的时候,那双闪闪发光的眼睛开始具有令人倾倒的魅力。

尼古拉刚拉起她的手,她就忍不住哭了起来。

"尼古拉,我看见了……他有错,但是你,你为什么那样!尼古拉!……"她用手捂住脸。

尼古拉没有说话,脸涨得通红,离开她身边,开始默默地在房间里踱步。他明白了她为什么哭;但是他突然心里觉得还不能同意她的看法,把自己从小就习惯了的并认为是最平常的事看作坏事。

原文

"这是客客气气、婆婆妈妈的废话,还是她是对的呢?"他问自己。他自己未能解决这个问题,便又朝她那痛苦的和充满爱的脸看了一眼,突然明白了她是对的,而他早就错了。

"玛丽,"他走到她跟前低声说,"以后我永远不会再这样了;我向你保证。永远不会了。"他像一个请求宽恕的孩子那样用颤抖的声音又说了一遍。

伯爵夫人更加涕泪涟涟。她拉起丈夫的手,吻了吻它。

"尼古拉,这浮雕宝石你是什么时候打碎的?"为了改变话题,她细看着他手上的那只镶有拉奥孔头像的戒指说。

"今天打碎的;还是因为那件事。唉,玛丽,不要对我再提了。"他又脸红了。"我对你下保证,今后决不那样做了。就让这戒指时刻提醒我吧。"他指着头像被打碎的戒指说。

从那时起,每当他在与村长和管家发生争执,血往脸上涌,双手握起拳头时,便转动手指上头像被打碎的戒指,在惹得他生气的人面前垂下眼睛。然而一年有两次他按捺不住,事后他到妻子那里认错,再次下保证今后决不再犯。

"玛丽,你大概瞧不起我了吧?"他对她说。"我活该如此。"

"如果你觉得忍不住的话,你就走开,赶紧走开。"玛丽亚伯爵夫人竭力安慰丈夫,忧郁地说。

尼古拉受到省里贵族们的尊重,但是不受他们喜欢。他对贵族们的利益不感兴趣。因此一些人认为他高傲,另一些人则认为他愚蠢。整个夏天,从春播到收割,他都忙于农事。秋天,他像从事农业生产那样严肃认真地带着猎队去打猎,一去就是一两个月。冬天他到别的村子去走走,或者读书。他读的主要是他每年花一定数目的钱订购来的历史书。他像他说的那样收藏了相当多的书,并规定他买的书一定要读。他摆出深沉的样子坐在书房里读书,开头把它当做一种任务,后来习惯了,开始体验到了一种特殊的快乐,并且觉得他在做一件正经事。除了出去办事外,冬天的大部分时间他都是在家里度过的,与全家在一起享受天伦之乐,参与母亲与孩子之间的小事。他同妻子愈来愈亲近,每天都在她身上发现新的宝贵品质。

索尼娅从尼古拉结婚后就住在他家。在婚前,尼古拉就把过去他和索尼娅之间的事告诉了未婚妻,一面责备自己,一面夸奖索尼娅。他请玛丽亚公爵小姐善待他的表妹,给予关心照顾。玛丽亚伯爵夫人完全感到丈夫有过错;同时也觉得自己对不起索尼娅;她认为自己的财产对尼古拉的选择起了作用,丝毫不能责怪索尼娅,希望自己能喜欢她;但是她不仅没有喜欢索尼娅,反而常常发现自己心里对她有一种恶感,而且无法克服。

有一次她同好朋友娜塔莎谈起了索尼娅和自己对她的不公正。

"你知道吗,"娜塔莎说,"你常读福音书;那里有一段话正好说的是索尼娅。"

"什么?"玛丽亚伯爵夫人惊奇地问。

"'凡有的,还要加给他,没有的,连他所有的,也要夺过来',记得吗? 她是那个'没有的',因为什么? 我不知道;她也许没有私心——我不知道,但是凡是她有的都将被夺走,于是一切都被夺走了。有时我非常可怜她;以前我非常希望尼古拉娶她;但是我总有一种预感,觉得这事不会实现。她是一朵**无实花**,你知道吗,就像草莓上的一样。有时我可怜她,而有时我又想,她并不像我们那样感觉到这一点。"

虽然玛丽亚伯爵夫人对娜塔莎讲解说,福音书的这些话应作另一种理解,但是当她看着索尼娅时,她同意娜塔莎所作的解释。确实,索尼娅似乎不为她的处境感到苦恼,并且完全安于做一朵**无实花**。看来,

原文

她珍视的与其说是具体的人,不如说是全家。她像一只猫一样,舍不得离开的不是人,而是这个家。她侍候老伯爵夫人,照看和溺爱孩子们,随时准备为人们做一些她能够做的小事;但是人们不由自主地流露出,他们对她所做的一切并不那么感激……

童山的庄园重修好了,但是讲究的程度已不能与老公爵在世时相比。

在经济困难时开始盖的房子,都比较简陋。建在原来的石基上的大房子是木质结构的,只在里面进行了粉刷。这房子虽很宽敞,但地板没有油漆,家具只有最简单的硬沙发和圈椅以及自己的木匠用自己的桦木做的桌子和椅子。这大房子里有下房和客房。罗斯托夫家和鲍尔康斯基家的亲戚有时全家坐着各家的十六匹马拉的车,带着几十个仆人到童山来做客,一住就是几个月。此外,一年四次,每逢主人们过命名日和生日,有上百位客人来住一两天。一年的其余时间过着很有规律的生活,各人干各种日常的事情,按时喝茶,吃早餐、午餐和晚餐,食物都是自己家里生产的。

九

这是在一八二〇年十二月五日,冬季圣尼古拉节①的前一天。这一年入秋后,娜塔莎就和孩子、丈夫一起住在哥哥家里。其间,皮埃尔像他说的那样,到彼得堡去办特殊的事,说要在那里待三个星期,但是已在那里待了六个多星期了。现在随时都在等待他回来。

十二月五日,在罗斯托夫家做客的,除了别祖霍夫一家外,还有尼古拉的老朋友、退役将军瓦西里·费多罗维奇·杰尼索夫。

六日这一天,是尼古拉过命名日的日子,有许多客人要来,他知道他得脱下紧身外衣,穿上礼服和尖头皮靴,到他新盖的教堂去,然后接

原文

受大家的祝贺,请他们吃点心,谈论贵族选举和收成;但是命名日的前一天他认为可以像平常一样地过。在午餐前,尼古拉审查了内侄名下的梁赞的庄园的管理人的账目,写了两封事务性的信,到打谷场、牲口棚和马厩转了一圈。他采取了一些措施以防止明天过建堂节大家喝醉酒,然后回来吃午饭,还没有来得及和妻子单独说几句,便在放了二十套餐具的长桌旁坐下,这时一家人都已坐好了。坐在这里的有母亲以及和她住在一起的别洛娃老太太,有妻子和三个孩子、男女家庭教师、内侄和他的家庭教师、索尼娅、杰尼索夫、娜塔莎、她的三个孩子和他们的女家庭教师,还有在童山养老的老公爵的建筑师米哈依尔·伊万内奇老人。

玛丽亚伯爵夫人坐在餐桌的另一端。尼古拉坐下后不久,她就根据丈夫取下餐巾以及很快推开面前的玻璃杯和酒杯的动作认定他心情不好,他有时就是这样,尤其是干活后直接回来吃饭,在喝汤之前表现得特别明显。玛丽亚伯爵夫人很了解他的这种情绪,当她自己心情好时,她便耐心地等他把汤喝完,然后才和他说话,叫他承认他无缘无故地发火是不对的;但是今天她完全忘记了观察;看到他莫名其妙地生她的气,心里很难受,觉得自己很不幸。她问他到哪里去了。他回答了。她又问事情是否一切都很顺利。他听她说话声调不自然,不高兴地皱起眉头,急忙作了回答。

"我就没有想错,"玛丽亚伯爵夫人想道,"可是他为什么生我的气?"她从他回答的语气中听出他对她不满,发现他不愿意再说下去。她也觉得自己说话不自然;但是忍不住,又提了几个问题。

吃饭时由于杰尼索夫在场,大家说得很热闹,玛丽亚伯爵夫人没有跟丈夫说话。大家离开餐桌来向老伯爵夫人道谢,玛丽亚伯爵夫人伸出手,吻了吻丈夫,问他为什么生她的气。

原文

"你总是胡思乱想;我根本没有想要生气。"他说。

但是**总是**二字使玛丽亚伯爵夫人觉得他的回答的意思是:是的,我在生气,但不想说。

尼古拉和妻子很和睦,就连出于嫉妒很希望他们不和的索尼娅和老伯爵夫人也找不出责备的借口;但是他们夫妻之间也有反目的时候;这种情况常在玛丽亚伯爵夫人怀孕时出现。现在她正处于这样的时期。

"喂,先生们和女士们,"尼古拉似乎很快活地大声说(玛丽亚伯爵夫人觉得他这是故意气她),"我从六点钟起就一直忙乎着。明天又要受罪,今天得休息一会儿。"于是没有再和玛丽亚伯爵夫人说什么,就到小休息室里在沙发上躺下了。

"瞧他总是这样,"玛丽亚伯爵夫人想,"和大家都说话,就是不跟我说。我看见了,看见了他讨厌我。尤其是在我怀孕时。"她朝她那鼓得高高的肚子看了一眼,对着镜子照了照又黄又瘦的苍白的脸,她的那双眼睛显得比任何时候都要大。

无论是杰尼索夫的喊声和笑声还是娜塔莎的谈话声,尤其是索尼娅向她匆匆投过来的目光,都使她感到不舒服。

玛丽亚伯爵夫人每当发火时,总是第一个找索尼娅的碴儿。

她和客人们一起坐了一会儿,对他们说的话一点也没有听进去,悄悄地到儿童室去了。

孩子们玩着骑着椅子到莫斯科去的游戏,请她参加。她和他们玩了一会儿,但是一直想着丈夫和他无缘无故的发火,心里很苦恼。她站起身来,吃力地踮起脚尖走到小休息室去。

"也许他没有睡着;我要和他好好谈一谈。"她心里说。大孩子安德留沙学她的样,踮着脚尖跟她出来。玛丽亚伯爵夫人没有发现他。

原文

"亲爱的玛丽,我觉得他好像睡着了;他累了。"索尼娅在大休息室说(玛丽亚伯爵夫人似乎觉得到处都能碰见她)。"最好不要让安德留沙吵醒他。"

玛丽亚伯爵夫人回头一看,看见了背后的安德留沙,觉得索尼娅说得对,但是正因为这样,她涨红了脸,看来费了很大力气才忍住,没有说出难听的话来。她什么也没有说,为了不照索尼娅的话去做,她做了个手势,叫安德留沙别出声,但仍跟着她,两人走到了门口。索尼娅进了另一扇门。从尼古拉睡的房间里传出了他那均匀的呼吸声,这声音的细微变化玛丽亚伯爵夫人都是很熟悉的。她听着这呼吸声,看着眼前他的平整漂亮的前额、两撇小胡子和整个脸,她常在夜深人静他睡着了的时候久久地注视这张脸。尼古拉突然动了动,咳了一声。在这瞬间安德留沙在门外喊道:

"爸爸,妈妈在这里站着呢。"

玛丽亚伯爵夫人吓得脸色发白,便对儿子做了个手势。孩子不说话了,玛丽亚伯爵夫人觉得可怕的沉默延续了大约一分钟。她知道,尼古拉不喜欢有人吵醒他。突然从门里又传出了干咳和动作的声音,听见尼古拉不高兴地说道:

"不让人安静一会儿。玛丽,是你?你为什么把他带到这里来了?"

"我只是来看看,我没有发现……对不起……"

尼古拉咳嗽了一声,不说话了。玛丽亚伯爵夫人离开门口,带孩子到儿童室去。五分钟后,受父亲特别宠爱的三岁的黑眼睛的小娜塔莎听哥哥说爸爸在休息室睡觉,便背着母亲跑到父亲这里来。这个黑眼睛的小姑娘大胆地咯吱一声打开门,胖胖圆圆的小脚迈着有力的步子走到沙发旁边,仔细看了看父亲背朝她躺着的姿势,踮起脚,吻了吻父亲的那只枕在脑袋底下的手。尼古拉面带怜爱的微笑转过身来。

原文

"娜塔莎,娜塔莎!"从门外传来玛丽亚伯爵夫人惊恐的低语声,"爸爸要睡觉。"

"不,妈妈,他不想睡了,"小娜塔莎蛮有理地回答,"他在笑呢。"

尼古拉垂下双腿,从沙发上起来,抱起女儿。

"玛莎,进来。"他对妻子说。玛丽亚伯爵夫人进了房间,在丈夫身旁坐下。

"我没有发现安德留沙跟着我跑来了,"她怯生生地说,"我不过是……"

尼古拉一只手抱住女儿,朝妻子看了一眼,发现她脸上负疚的神色,便用另一只手搂住她,吻了吻她的头发。

"可以亲亲妈妈吗?"他问娜塔莎。

娜塔莎不好意思地笑了笑。

"再亲一下。"她用命令的手势指着尼古拉吻过的地方说。

"我不知道你为什么认为我心情不好。"尼古拉看出妻子心里有这样的问题,便回答道。

"当你这个样子时,你想象不出我心里感到多么的难过和孤独。我一直觉得……"

"玛丽,够了,别说蠢话了。你这样说怎么不觉得害臊。"他高兴地说。

"我觉得,我长得这样难看,你不可能爱我……总是……而现在……又这个样子……"

"唉,你真可笑!一个人不是因为漂亮才可爱,而是因为可爱才漂亮。只有玛尔维娜之类的女人才因为她们漂亮而受人喜爱;要是有人问我爱不爱我的妻子?我可以说我不爱,而是这样,我不知道怎么对你说。可是你不在时,或者当我们之间发生不和时,我就坐立不安,什么也干不下去。又譬如说你问,我爱我的手指头吗?我可以说我不爱,可是你割一下试试……"

"不,我不会这样,不过我明白。这么说,你不生我的气?"

"非常生气。"他面带微笑说,站起身来,理了理头发,开始在房间踱步。

"你知道,玛丽,我想什么来着?"现在两人已经和解了,他立刻在妻子面前说出了自己的想法。他没有问她是否想听;他觉得听不听无所谓。他认为他要是出现一个想法,她想必也那么想。他对她说,他想留皮埃尔在他们这里住到开春再走。

玛丽亚伯爵夫人听完他的话,发表了意见,也开始说出自己的想法。她想的是孩子们的事。

"现在已可看出她像个女人了。"她指着娜塔莎用法语说。"你们常常责备我们女人缺乏逻辑性。她就表现了我们的逻辑。我说爸爸想睡觉,她却说,不,爸爸在笑。她说得对。"玛丽亚伯爵夫人面带幸福的微笑说。

"对,对!"尼古拉用他有力的手高高托起女儿,把她放在自己肩膀上,抓住她的小腿,扛着她在房间里来回走动起来。父女俩的脸上都傻乎乎地露出了同样的幸福的神情。

"你知道,你也许有偏心眼儿。你太宠她了。"玛丽亚伯爵夫人用法语低声说。

"是的,但是有什么办法呢?……我竭力不表现出来……"

这时从门廊和前厅里传来了滑轮声和脚步声,听起来好像是什么人到了的声音。

"有人来了。"

"我相信这是皮埃尔。我去看一下。"玛丽亚伯爵夫人说着出了房间。

— 原文 —

她出去后,尼古拉扛着女儿在房间里快步兜圈子。他喘着气,很快把开心地笑着的女儿放下来,把她搂在怀里。她蹦蹦跳跳地走,使他觉得好像在跳舞,于是他看着孩子幸福的小圆脸心里想,当他老了时,像去世的父亲当年带着女儿跳丹尼尔·库珀舞一样带着她去跳马祖尔卡舞,她会是个什么样子。

"是他,是他,尼古拉。"几分钟后玛丽亚伯爵夫人回到房间里说。"现在我们的娜塔莎可活跃起来了。你该看一看她的那个高兴劲儿,听一听皮埃尔逾期不归挨的数落。咱们快点去,这就去! 你们也该分开一会儿了。"她看着紧偎着父亲的孩子微笑着说。尼古拉牵着女儿的手出去了。

玛丽亚伯爵夫人留在休息室里。

"我永远、永远也不会相信,"她自言自语地低声说,"我会这样的幸福。"她容光焕发,眉开眼笑;但是与此同时她又叹了一口气,她的深沉的目光里露出了淡淡的忧愁。仿佛这时除了她感受到的幸福外,她不禁又想到另一种在这生活中无法得到的幸福。

(张　捷　译)

| 注　释 |

① 圣尼古拉节有冬季、夏季之分,冬季圣尼古拉节如上所述为十二月六日,夏季圣尼古拉节为五月九日。

| 赏　析 |

毫无疑问,《战争与和平》是部伟大的作品。它的雄伟壮丽、浩淼阔大,

它的包罗万象、别开生面,它的细腻感人、青春明丽,处处显示着它的力量和魅力,读来无比畅快而又引人遐思。

《战争与和平》里的许多事件都相当简单、普通。除了战争,就是我们读来十分亲切的家庭生活中的日常事件:亲人之间的谈话、节日庆祝活动、跳舞、玩牌、狩猎、离别和重逢等等。这些普通的事件在托尔斯泰的笔下却显示出特有的叙述性的力量。

打动我们的正是它清晰的形式和浑然一体的组接。《战争与和平》中大大小小的几百个人物都能实实在在地挺立着,这是一个了不起的成就。一般的小说,读者的兴趣只集中在几个主要人物身上。在《战争与和平》中,每一个人物,即使是次要的人物,也都是他自己序列中的主人公。小说中,无穷无尽的人物世界也都服从于一种投射在整个作品中的纵向聚合结构。因此,《战争与和平》的读者需要把注意力分给更多的人物。在将一组事件过渡到另一组事件、一批人物过渡到另一批人物的过程中,托尔斯泰处理得相当自然、巧妙,使得读者仿佛只是在跟踪一条单独的叙述线条来进行阅读。

托尔斯泰宏观地把握了小说的进程和故事的发展。可以说《战争与和平》对19世纪初叶俄国的政治、军事和社会生活作了全面的反映。在政治和军事上,托尔斯泰把表现的重心放在了1812年的俄国卫国战争上。在表现社会生活上,他着重描写了四大家族中年轻成员的变化和探索。

在描写各大战役时,托尔斯泰不是描写战争的全部,而是偏重于描写历史事件对小说中人物所产生的影响。写申·格拉本战役更多的是描写战争给安德烈留下的虚无和破灭的印象;而对奥斯特里兹战役的描写则主要是想表现它对尼古拉的影响;写沙皇在莫斯科的出现,是描写它引发了别佳参军的情绪;写法军入侵时人们的反应,是为了更好地反映娜塔莎在感情上的波动。

托尔斯泰能够很好地渲染各种气氛。比如,罗斯托夫家温馨的家庭气

赏析

氛;军队医院里死寂、腐烂的气氛……进入各种气氛里的人们,或是从一种气氛转入另一种气氛里的人物,必然会受到这些气氛的影响。安德烈在罗斯托夫家充溢着爱的气氛里闻到了自己内心的爱情气味,尼古拉在军队医院里意识到了战争的另一种消极的意味,而我们读者也随着这些人物的活动经受着各种气氛的影响。

就叙事节奏而言,《战争与和平》的叙事显然是以一种迂缓的步调展开的。它里面并没有猛烈的情节转折,而是大致沿着人物的日常生活的轨道进行着。但是,沿着这条轨道托尔斯泰却能随时随地地创造出那些带着内在的精神必然性、从人物所处的具体发展阶段中产生的场面和细节。在《战争与和平》中,场面和细节的叙述力量不可小觑。虽然看起来场面和细节并不是最重要的部分,然而它们彼此息息相关,为结构提供了媒介。比如,在波罗金诺战役之后的伤病员帐篷中,医生的工作服和双手上沾满了鲜血。所以,他"用一只手的大拇指和小指捏着雪茄,这样可以避免让它沾上血"。从手指的这一状态我们可以看到,可怕的工作仍将继续着。军医已经对伤口和鲜血无动于衷和麻木了。他们早已习惯了这种处境和状况。他们似乎已经没有任何愿望了,有的只是疲倦。他们需要的只是一支香烟,来借以解乏。所有这些复杂的内心活动都集中在这么一个细小的躯体细节中。从这句捏拿香烟的姿势的描写中我们可以看到很多——漫长而惨烈的战役,士兵们渴望胜利、渴望回家的心情,后方的亲人们、爱人们焦急盼望的眼神,战后废墟里彻夜不息的呜咽声……

托尔斯泰在《战争与和平》中不断地使用比较、对照的方式来结构全书。正如克里斯琴认为的那样:"它的构成原则是:根据其对立面来考虑人物和现象,然后,再设计这些对立人物之间的相辅相成的关系。"托尔斯泰总是把一个人物和另一个人物加以对照,或是将一组人物与另一组人物加以对比。在《战争与和平》中,我们可以清楚地感受到拿破仑和库图佐夫的对比,皮埃尔和安德烈以及尼古拉之间的对照。通过对比,人物的个性特

赏析

质得到了更大程度的彰显,留给读者的印象更深刻。

在《战争与和平》中最突出的对照出现在农民与社会上等人之间。农民卡拉塔耶夫强烈的道德观念与有身份、有地位人士的肤浅和虚伪互相对照的描写对托尔斯泰来说有着特殊的意义。像托尔斯泰这样一些"中上阶层所以意欲协助贫苦,不但出乎怜悯,而且是由于良心不安、自觉罪过。他们惭于自己之社会地位与富裕,渴想为他们赎过。他们不但有这种报答社会的作风而且深望有'纯洁'的生活"。因此,不断走向极端的他们"创造了一个神话。都把农民当作理想人物,具有和善、智慧与忍耐的种种美德"(马克·斯洛宁《现代俄国文学史》)。可以说,"到民间去"的民粹主义情怀是那个时代的世纪情怀。在这种情怀的影响下,不但在这部小说中呈现着这种对照,在托尔斯泰的其他作品中也都或多或少地处在这种影响之下。反过来,这些作品中的这种思想又成就了所谓的"托尔斯泰式"的哲学或宗教。

《战争与和平》以其描写的广度、思想的高度和"史诗基因"不仅获得了辉煌的成就,而且使得"史诗"这一一度式微的文体在另一片文学土壤上得以重生,开始另一段"生命旅程"。因此,托马斯·曼认为:"世界上恐怕没有第二个艺术家,像托尔斯泰那样,身上所存在的荷马的不朽的史诗因素那么强烈。他的创作中栖息着一种史诗的天然伟力,它的雄伟浑朴和像大海那样均匀地呼吸的节奏,它那沁人心脾的强烈的清新气息和辛辣的风味,不朽的健康,不朽的现实主义。"这就是荷马的素质:故事绵延不绝、艺术与自然合而为一、纯真的健康、宏伟的真实。《战争与和平》里具有历史波澜壮阔的广度,一种蕴蓄生命的起始和根源的宽度和阔大雄伟的旋律,以及不息的生命力。可以说托尔斯泰在《战争与和平》中超越了小说的限制,完成了小说的史诗性任务。

小说中不断地有流淌着的思想在交汇着。它们常常将读者带入不同的思想入口,和主人公们一起挣扎、一起思索。小说中不断地有通向外部

赏析

世界的门户。即使是小说的结尾,其实也并没有结束的意向:它是在一个新的文学生命刚刚展开——安德烈的儿子思想开始萌动的时候结束的。

节选部分是小说尾声的段落。在小说的尾声中,许多永恒的形象所代表的价值尺度变得越来越清楚,越来越明显了。其中,以尼古拉为代表的"有根者",和以皮埃尔为代表的"探索者"的形象尤为突出。灵魂的代言人为了探索人生的正道,为了探询灵魂的出口可以随时准备放弃一切。皮埃尔和安德烈在精神的十字路口不停地做着抉择,也走过弯路。但他们的那种追寻真、善、美的内心火焰却从未停止和懈怠过。即使是在生命垂危的最后关头,安德烈仍然在做着最后的挣扎。即使有了幸福的家庭生活之后,皮埃尔也仍在继续着他的精神追求,哪怕要付出巨大的代价他也在所不惜。这诚然是令人感动的。

而另一群最后趋向于平凡家庭生活的人们,我们觉得他们更加亲切,毕竟这是凡人的选择,这是凡人对生活的最终回应。《战争与和平》中四大家族的家长们延续着原来的宗法制的生活方式,而他们后代的绝大多数则依然沿袭着他们祖辈们的生活和精神状态。当尼古拉最后说出——"为了他人的幸福这一套,全是胡思乱想和娘儿们的瞎扯。我要的只是不让我们的儿女们去要饭;要在我活着的时候整顿好我们的家业,就这些",我们看到了"有根者"的宗法制思想在尾声里的全面包围。即使是娜塔莎也突然从天真无邪的女孩变成了眼里只有家庭生活的女人:"她脸上已看不出以前的那种赋予她以迷人的魅力的、不停地燃烧着的青春活力的火焰了。现在常常只能看到她的脸和身体,而心灵完全看不见了。"虽然最后那个可爱的女孩不见了,这令绝大多数的读者很是失望,但从中我们可以看到,托尔斯泰自始至终对人们的物质生活都是给予正面表现的。

有评论家说过:"伟大作家的伟大之处恰恰是在于,时间非但奈何不了他们,反而会使他们历久弥新:每一个新的世纪都会根据自己的形象和方式赋予他们新的躯体、新的灵魂。"对于每个民族来说,这些伟大的作家是

原文

同时代的人,甚至还是未来的信使。因此,托尔斯泰仍然活着。他就在我们的前方,时而又在我们的后面。他引领着我们在时空中穿梭。托尔斯泰依旧在我们的心中爱着、思索着、矛盾着,犹如我们自己灵魂的一部分。

(陈静洁)

安娜·卡列尼娜

| 作品提要 |

贵妇人安娜·卡列尼娜在火车上遇见风流倜傥的贵族青年伏伦斯基,激起了久久压抑在心底的爱的渴望。后来,她顶着上流社会流言蜚语的压力,公开追求自己认定的爱情,毅然与伏伦斯基同居。可是,安娜的身为高官的丈夫卡列宁拒绝与她离婚,再加上伏伦斯基对她的逐渐厌倦和变心,安娜终于忍受不了来自各个方面的压力给她带来的种种痛苦的折磨,遂寻求最后的解脱——卧轨自杀。

| 作品选录 |

十八

伏伦斯基跟着列车员朝车厢里走去。他在门口站下来,给一位下车的太太让路。伏伦斯基凭着社交界人素有的眼力,只对这位太太的外貌瞥了一眼,就断定她是上流社会的人。他道了一声歉,就要朝车厢里走去,可是觉得还需要再看她一眼,不是因为她长得很美,不是因为她的整个身姿所显露出来的妩媚和优雅的风韵,而是因为经过他身边

原文

时,她那可爱的脸的表情中有一种特别温柔、特别亲切的意味儿。当他回头看的时候,她也转过头来。她那一双明亮的、在浓密的睫毛下面显得乌黑的灰眼睛亲切而留神地注视着他,像是在认他,接着又立刻转向走来的人群,像是要寻找什么人。在这短短的一瞥中,伏伦斯基发现有一股被压抑着的生气,闪现在她的脸上,荡漾在她那明亮的眼睛和弯了弯朱唇的微微一笑中。仿佛在她身上有太多的青春活力,以至于由不得她自己,忽而从明亮的目光中,忽而从微笑中流露出来。她有意收敛起眼睛里的光彩,但那光彩却不听她的,又在微微一笑中迸射出来。

伏伦斯基走进车厢。他的母亲是一个黑眼睛、鬈头发的干瘦老太太。她眯缝起眼睛打量着儿子,那薄薄的嘴唇微微笑着。她从座位上站起来,把提包交给侍女,把一只又干又小的手伸给儿子,接着又托起儿子的头,在他的脸上吻了吻。

"收到电报了吗?你好吗?感谢上帝。"

"您一路上好吗?"儿子说着,在她旁边坐下来,情不自禁地倾听着门外一个女子说话的声音。他知道这是他刚才在门口遇到的那位太太在说话。

"我还是不同意您的话。"那位太太说。

"这是彼得堡的看法,夫人。"

"不是彼得堡的看法,只是女人家的看法。"她回答说。

"好吧,夫人,让我吻吻您的手吧。"

"再见,伊凡·彼得罗维奇。哦,您去看看,我哥哥来了没有,叫他到我这儿来,"那位太太在门口说过这话,又走进车厢里来。

"怎么样,您找到哥哥了吗?"伏伦斯基伯爵夫人问那位太太。

伏伦斯基恍然大悟,这就是卡列宁夫人。

"令兄就在这儿,"他说着,站了起来,"真对不起,我刚才没认出您来，而且咱们见面时间太短了，"伏伦斯基一面说，一面鞠躬，"所以您想必也不记得我了。"

"哦，不，"她说，"我可以说是很了解您了，因为我和令堂一路上谈的都是您的事呢，"她说着，终于让按捺不住的青春活力从微笑中流露出来，"可是我还没见到哥哥呢。"

"你去把他叫来，阿历克赛。"老伯爵夫人说。

伏伦斯基走到站台上，喊道：

"奥布朗斯基！这儿来！"

可是卡列宁夫人却没有等哥哥，一看到他，就迈着矫健而轻盈的步子走出车厢。等哥哥一走到她跟前，她立即用左臂搂住哥哥的脖子，迅速地把他拉过来，使劲儿吻了吻，那动作的利落和优美使伏伦斯基感到惊愕。伏伦斯基目不转睛地看着她，笑着，自己也不知道为什么笑。等他想起母亲在等他，就又走进车厢里。

"她挺可爱，不是吗？"伯爵夫人说起卡列宁夫人，"她丈夫让她跟我坐在一起，我也很高兴。我跟她谈了一路。哦，你呢，我听说……你的高尚的爱情一直还是连连不断呢。这更好，我的好孩子，这更好。"

"我不知道您指的是什么，妈妈，"儿子冷冷地回答说，"好啦，妈妈，咱们走吧。"

卡列宁夫人又走进车厢，来向伯爵夫人告别。

"这不是，伯爵夫人，您见到儿子了，我也见到哥哥了，"她快活地说，"我的事儿也全讲完了；再也没什么可讲的了。"

"才不是呢，"伯爵夫人拉住她的手说，"我跟您在一起，就是把天下走遍，也不会觉得寂寞。有一些可爱的女子，跟她们谈话也觉得愉快，相对无言也觉得愉快，您就是这样的一个。您也不必为您的儿子操心：总不能一辈子不离开呀。"

原文

卡列宁夫人一动不动地站着,身子挺得格外直,她的眼睛在笑着。

"安娜·阿尔卡迪耶芙娜①有一个八岁的儿子哩,"伯爵夫人向儿子解释说,"她从来没有离开过他,这一次把儿子留在家里,老是不放心。"

"是啊,我和伯爵夫人一直在谈哩,我谈我的儿子,她谈她的儿子。"卡列宁夫人说。她的脸上又浮起微笑,很亲切的笑,是对他的。

"大概这使您感到很厌烦了,"他毫不怠慢,立即接过她抛给他的风情之球,说道。可是她不愿意继续用这种腔调说下去,就又对老夫人说:

"非常感谢您。我都不觉得,昨天一天就过去了。再见吧,老夫人。"

"再见,我的好朋友,"老夫人回答说,"让我吻吻您漂亮的脸蛋儿吧。我索性倚老卖老,直截了当地说一句:我简直爱上您了。"

尽管这是老一套的恭维话,卡列宁夫人却信以为真,而且因此十分高兴。她的脸红了红,就微微弯下身子,把脸凑到老夫人的嘴唇上,然后又直起身子,带着荡漾在唇边和眼角的那种微笑,把手伸给伏伦斯基。他握了握她伸给他的纤手,她也紧紧握住他的手,并且大胆地摇晃了几下,他因为这样带劲儿的握手感到非常高兴,觉得有什么特别的意味儿。她快步走了出去。她身躯相当丰满,走起路来却出奇地轻盈。

"太可爱了。"老夫人说。

她的儿子也在这样想。他目送着她,直到她那婀娜的身姿看不见为止;他的脸上一直带着微笑。他从窗口看到她走到哥哥跟前,挽住他的手,很起劲地对他说起话来,显然说的是跟他伏伦斯基完全不相干的事,这使他感到懊丧。

"哦,妈妈,您身体一直很好吗?"他又向母亲问了一遍。

"一直很好,非常好。亚历山大很逗人喜欢。玛丽雅也长得很好看。她挺好玩儿。"

于是她又说起她最关心的事,也就是孙子的洗礼,她就是为这事上彼得堡去的。她还说起皇上对大儿子的特殊恩宠。

"那不是,拉夫伦季也来了,"伏伦斯基望着窗外说,"如果没有别的事,咱们现在可以走了。"

跟随老夫人来的老管家走进车厢报告说,一切都收拾好了,于是老夫人站起来,准备走。

"咱们走吧,这会儿人少了。"伏伦斯基说。

侍女拿起提包,抱起小狗,管家和搬运夫拿起另外几件行李。伏伦斯基挽起母亲的胳膊;可是,在他们走出车厢的时候,忽然有几个人带着惊恐的神色从他们身边跑过。站长也戴着他那颜色与众不同的制帽跑过去。显然是出了什么意外事儿。许多人离开火车向后跑去。

"怎么啦?……怎么啦?……在哪儿?……撞上了!……压死了!……"走过的人纷纷传说着。

奥布朗斯基和妹妹手挽着手,也带着惶恐的神色走了回来,在车厢门口站住,避开拥挤的人群。

太太们又进了车厢,伏伦斯基和奥布朗斯基就跟着人群去了解车祸的详情。

一名看道工,不知是喝醉了酒,还是因为天太冷把头都裹起来,没有听见火车倒车,被压死了。

伏伦斯基和奥布朗斯基还没有回来,两位夫人就从老管家嘴里听到了车祸详情。

奥布朗斯基和伏伦斯基都看到了血肉模糊的尸体。奥布朗斯基显然非常难过。他皱着眉头,好像就要哭出来。

"哎呀,好可怕呀!哎呀,安娜,你可是不能看!哎呀,好可怕呀!"他

原文

不住地说。

伏伦斯基没有说话,他那漂亮的脸很严肃,但十分平静。

"哎呀,老夫人,您真不能看,"奥布朗斯基说,"他老婆也来了……她那样子真可怕……她一头扑到尸体上。听说,家里有一大帮人,全靠他一个人养活呢。真可怕呀!"

"能不能为她想点儿什么办法?"卡列宁夫人焦灼不安地小声说。

伏伦斯基朝她看了看,就立即走出车厢。

"我一下子就回来,妈妈。"他在门口回过头说了一句。

几分钟之后,他回来的时候,奥布朗斯基已经在和老夫人谈那个新来的歌星了,老夫人一面焦急地望着门口,等着儿子。

"现在咱们走吧。"伏伦斯基一进来,就说。

他们一起下了车。伏伦斯基和母亲走在前面。卡列宁夫人和哥哥走在后面。在车站出口处,站长追了上来,走到伏伦斯基跟前。

"您交给副站长两百卢布,请问,您这是给谁的?"

"给那个寡妇,"伏伦斯基耸耸肩膀说,"我真不明白,这有什么可问的。"

"是您给的吗?"奥布朗斯基在后面叫道。他紧紧攥了攥妹妹的手,又补充说:"太好了,太好了!他这人真是好极了,不是吗?再见吧,老夫人。"

于是他和妹妹站了下来,找她的侍女。

他们出站的时候,伏伦斯基家的马车已经走了。从站里出来的人还在纷纷议论刚才出的事儿。

"死得好惨呀!"一位先生从旁边走过,说,"听说,轧成了两截。"

"我看,恰恰相反,这样死最轻松,一眨眼就过去了。"另一个人说。

"这种事儿怎么不设法提防呀。"还有一个人说。

卡列宁夫人坐上马车,奥布朗斯基惊愕地看到她的嘴唇在哆嗦,看到她使劲儿憋着眼泪。

"您怎么啦,安娜?"等他们走出几百丈之后,他问道。

"这是不祥之兆呀。"她说。

"胡说什么!"奥布朗斯基说,"你来了,这就是最要紧的。你真想象不到,我对你抱多大的希望。"

"你早就认识伏伦斯基了吗?"她问道。

"是的。你可知道,我们希望他和吉娣结婚呢。"

"是吗?"安娜小声说。"哦,现在咱们来谈谈你的事吧,"她又说,并且甩了甩头,就好像要甩掉多余的、碍事的东西似的,"就谈谈你的事吧。我一接到你的信,就来了。"

"是啊,全指望你呢。"奥布朗斯基说。

"那你就原原本本地对我说说吧。"

奥布朗斯基就说了起来。

马车来到家门口,奥布朗斯基扶妹妹下了车,叹了一口气,握了握她的手,自己就到衙门里去了。

二十二

当吉娣和母亲登上灯火通明,摆满鲜花,站满扑了香粉、身穿红色长袍的仆人的宽大楼梯时,舞会刚刚开始。大厅里传出像蜂房里那样均匀的沙沙的动作声。当她们站在摆满盆花的楼梯平台上对着镜子整理头发和衣服时,大厅里传出小提琴那小心翼翼的清楚的声音,乐队开始演奏第一支华尔兹了。一个浑身香水气味、对着另一面镜子理了理白色鬓发的穿便服小老头儿,在楼梯上碰到她们,显然因为很欣赏他不认识的吉娣,给她们让了路。一个没有胡子的青年,也就是谢尔巴茨基

原文

老公爵称为**活宝贝儿**的上流社会青年，穿着领口特别大的背心，一面走一面理着雪白的领带，向她们鞠了一个躬，走过去之后，又回来请吉娣跳卡德里尔舞。第一圈卡德里尔舞她已经答应了伏伦斯基，所以她只能答应同那位青年跳第二圈。一位军官正在扣手套上的扣子，在门口让了路，一面捋着小胡子，一面欣赏玫瑰一般的吉娣。

尽管吉娣在服饰、发式和准备参加舞会的各方面都费了不少心思，花了很多功夫，可是她现在穿着色彩斑斓的网纱连衣裙和玫瑰色衬裙那么雍容、那么飘洒地步入舞厅，仿佛这一切花结、花边和服装上的一切饰物都没有花费过她和她家里人一分钟工夫，仿佛她生来就带着这网纱、花边和高高的头发，头发上还长着一朵带两片叶子的玫瑰花。

就要进入舞厅的时候，老公爵夫人想给她抻抻卷起来的腰带，吉娣微微闪了闪身子，躲开了。她觉得，她身上的一切自然是非常好看、非常优美的，一点也用不着整理了。

这是吉娣最幸福的一天。她的连衣裙没有一处不合身，花边披肩一点不往下溜，花结不皱也不脱落，粉红色高跟鞋一点不夹脚，穿着非常舒服，浓密的淡黄色假髻贴在她那小小的头上，就像自己的头发一样。长手套上的三个扣子都扣得好好的，没有松开，那手套裹住她的手，并没有改变手的模样。那系着肖像颈饰的黑丝绒绦带，特别温柔地绕着她的脖子。这丝绒绦带很有魅力，吉娣在家里在镜子里看到自己脖子的时候，就觉得这丝绒绦带在说话呢。别的方面也许都还有可斟酌之处，这丝绒绦带却肯定是迷人的。吉娣在这舞厅里朝镜子里的丝绒绦带看了一眼，也不由地笑了。看着那裸露的肩膀和手臂，就像碰到大理石一样感到凉丝丝的，这是她特别喜欢的一种感觉。她的眼睛闪闪发亮。她的朱唇也因为意识到自己的魅力不能不笑。她还没有走进舞厅，还没有走到那一群周身都是网纱、缎带、花边和鲜花，在等待着邀

原文

舞的妇女跟前（吉娣从来没有在这群妇女中停留过），就有人来请她跳华尔兹舞，而且来邀请的正是最出色的舞伴、舞蹈明星、著名舞蹈教练、舞会主持人、身材匀称的已婚美男子耶戈鲁什卡·科尔松斯基。他和巴宁伯爵夫人跳过第一圈华尔兹，刚刚把她放开，扫视了一下自己的兵马，也就是几对开始跳舞的男女，一看到进来的吉娣，就迈着舞蹈教练特有的那种潇洒的快步来到她面前，鞠了一躬，也不问她是不是愿意，就伸出手去搂她的纤腰。她回了一下头，看把扇子交给谁，女主人就笑眯眯地把扇子接了过去。

"您准时来到，太好了，"他搂住她的腰，对她说，"要不然迟到可是一种坏作风。"

她弯起左臂，搭到他的肩上，于是她那一双穿着粉红色皮鞋的纤足就随着音乐的节拍在光滑的镶花地板上轻盈而匀和地转动起来。

"跟您跳华尔兹一点不费力，"在跳华尔兹开头的慢步舞时，他对她说，"好极了，多么轻快，多么利落。"他几乎对所有的好舞伴都是这样说的。

她听到他的称赞，笑了笑，继续从他的肩头上打量着整个舞厅。她不像那初次抛头露面的姑娘，舞厅里所有的脸融合成一个仙境般的景象；她也不像那些跑腻了舞场的姑娘，觉得舞厅里所有的脸都熟悉得令人生厌。她介乎二者之间：她是很兴奋的，同时也相当镇定，能够观察舞厅里的一切。她看到舞厅的左边角落里聚集着交际界的精华。那儿有袒露到不能再露的美人儿、科尔松斯基的妻子丽蒂，有女主人，有秃顶油光锃亮的克利文，交际界精华汇集之处，往往他都要在场；许多小伙子朝那边望着，却不敢走过去；吉娣也看到司基瓦在那儿，接着就看到穿着黑丝绒连衣裙的安娜那优美的身段和头部。他也在那儿。自从拒绝列文求婚的那天晚上以后，吉娣就没有看见过他。她的敏锐的眼睛一下子就认出他来，甚至发觉他在看她呢。

— 原文 —

"怎么样,再来一圈吧? 您不累吗?"科尔松斯基轻轻喘了几口粗气,说。

"不了,谢谢。"

"把您送到哪儿去呀?"

"好像卡列宁夫人在这儿……请把我送到她那儿去吧。"

"遵命。"

于是科尔松斯基渐渐放慢脚步,跳着华尔兹径直向左边角落里的人群移动,一面嘴里说着:"对不起,太太们,对不起,对不起,太太们。"一面在花边、网纱、缎带的海洋中旋转着,连一根羽毛也没有挂到;他把自己的舞伴急剧地旋转了一圈,转得她那穿着绣花长统丝袜的玉腿露了出来,她的长裙像扇子一样展了开来,蒙住了克利文的膝盖。科尔松斯基鞠了一个躬,挺了挺敞开的胸膛,就伸出手想把她搀到安娜跟前去。吉娣红了红脸,把裙裾从克利文的膝盖上拉下来。她多少有些头晕,向周围扫了一眼,寻找安娜。安娜没有像吉娣一心希望的那样穿紫色衣裳,却穿了一件黑丝绒敞胸连衣裙,露出她那像老象牙一样光润丰满的肩膀和胸脯,以及圆圆的胳膊和纤手。她的连衣裙镶的都是威尼斯花边。她的头上,在她那没有掺假发的一头黑发中,有小小的一束紫罗兰,在白色花边之间的黑腰带上也有这样的一束。她的发式并不引人注目,引人注目的是那老是在脑后和鬓边翘着的一圈圈任性的鬈发,这为她更增添了几分风韵。在那光润而丰腴的脖子上挂着一串珍珠。

吉娣每次看到安娜,都爱慕她,并且想象她一定会穿紫色衣裳,可是现在看见她穿着黑色衣裳,吉娣才觉得以前没有充分领略她的真正魅力。现在看到了她这副出人意料的新模样。吉娣现在才明白,安娜不能穿紫衣裳,她的魅力就在于她这个人总是比服饰更突出,服饰在她身上从来就不引人注目。这件镶着华丽花边的黑色连衣裙就不显眼,

原文

这不过是一个镜框,引人注目的只是她这个人:雍容、潇洒、优雅,同时又快快活活,生气勃勃。

她站在那里,一如往常,身子挺得特别直,吉娣走到这一堆人跟前时,她正微微偏着头同男主人说话。

"不,我不想说什么责备的话,"她就什么事情回答他说,"虽然我无法理解,"她又耸耸肩膀说。接着她立刻带着亲切的、有保护意味的笑容转身和吉娣打招呼。她用女性特有的目光匆匆扫视了一下吉娣的服饰,便用头做了一个极其轻微、但是吉娣能领会的赞赏动作,表示赞赏她的服饰和美丽。"你们也跳到这边厅里来啦。"她说了一句。

"这是我最可靠的舞伴之一。"科尔松斯基说着,向他还没有见过的安娜鞠了一躬。"公爵小姐为舞会增添不少欢乐和光彩呢。安娜·阿尔卡迪耶芙娜,跳一圈华尔兹吧。"他弯着腰说。

"你们认识吗?"主人问道。

"我们跟谁不认识呀?我和贱内就像一对白狼,人人都认识我们,"科尔松斯基回答说,"跳一圈华尔兹吧,安娜·阿尔卡迪耶芙娜。"

"要是能不跳的话,我就不跳。"安娜说。

"今天不跳可是不行。"科尔松斯基回答说。

这时伏伦斯基走了过来。

"好的,如果今天不跳不行的话,那咱们就来吧。"她说着,也没有理会伏伦斯基的鞠躬,很快地把手搭在科尔松斯基的肩上。

"为什么她不满意他呢?"吉娣发现安娜有意不理睬伏伦斯基的鞠躬,心里想道。伏伦斯基走到吉娣面前,提起请她跳第一圈卡德里尔舞的事,并且因为这几天没有机会去看她表示歉意。吉娣一面欣赏安娜的舞姿,一面听他说话。她等着他请她跳华尔兹,可是他没有邀请她,因此她惊讶地看了他一眼。他的脸红了红,这才急忙请她跳华尔兹,可

原文

是他刚刚搂住她的细腰,只迈出第一步,音乐就突然停了。吉娣看了看他那跟她挨得很近的脸,她这含情脉脉的一瞥却没有得到他的回报,后来过了好几年,还常常觉得心里刺痛,觉得是一种难以忍受的耻辱。

"对不起,对不起!跳华尔兹,华尔兹!"科尔松斯基在大厅的另一头喊道,并且立即搂住身边的一位小姐,跳了起来。

(力冈 译)

注释

① 安娜的全名是安娜·阿尔卡迪耶芙娜·卡列尼娜。卡列尼娜是随丈夫卡列宁姓,也就是卡列宁夫人之意。

赏析

1873年至1877年,托尔斯泰完成了著名的长篇小说《安娜·卡列尼娜》。作家创作这部作品的时候,正是俄国社会急剧变化的时期,即农奴制已经废除,迅速发展的资本主义正在取代封建主义的过渡时期。日益尖锐的阶级矛盾,资产阶级民主革命运动的高涨,这一切都加强了托尔斯泰对周围事物的注意力,加深了他对人民生活的关心与同情。因此,从这部作品开始,托尔斯泰对地主资产阶级社会的批判成分逐渐加强,同时,他阶级调和和宿命论的思想也有所增长,世界观中的矛盾也更加尖锐了。

在《安娜·卡列尼娜》中,作者描写了农奴制改革后的广阔的社会生活和错综复杂的矛盾,形象地反映了"一切都颠倒过来,而且刚在开始形成"的时代的特点。作品中提出了许多重大的问题,包括婚姻问题、家庭问题、道德问题、经济问题、政治问题、美学问题、哲学问题,以及宗教问题等等。

一般认为,《安娜·卡列尼娜》有两条线索,事实上作品存在着三条线

赏析

索,写了三个家庭的生活。这从《安娜·卡列尼娜》的创作过程和作家所留下来的七份稿样可以清楚地看出来。《安娜·卡列尼娜》的第一稿中只有一个家庭,即放浪自己生活的女主人公的家庭;第二稿也一样,只有一个家庭出现,女主人公的原名叫普希金娜,作家对她是持谴责态度的,而卡列宁是被肯定的、值得同情的人物;第三稿出现列文和吉娣的家庭;至第五稿又出现奥布朗斯基和杜丽的家庭;第六稿完成第一部;第七稿完成第二部。

从这个复杂的过程看,作品的社会内容不断扩展、丰富,情节结构也不断变化,人物频繁地更换,人物性格的侧重点也在变化,姓名也有所改变,最后形成三个家庭悲剧的构思。

卡列宁和安娜的家庭悲剧是托尔斯泰描写的中心,这个家庭中发生的故事是作品的主要情节,其中安娜又是最主要的人物。通过这个家庭的悲剧,作家表现出极为丰富的社会内容,塑造出极为动人的性格。

作家作为比照写出的第二个家庭是奥布朗斯基和杜丽的家庭。这是一个常见的平淡的家庭。这个家庭与任何社会理想都无缘,丈夫没有社会理想,是个地道的花花公子,一个浅薄的享乐主义者;妻子虽有一般的家庭观念,但无力实现它。这个家庭中发生的悲剧其实是一出不是悲剧的悲剧,虽没有发生悲惨的事件,但整个家庭都浸透着一种无名的悲哀。

第三个家庭即列文和吉娣的家庭,它在三个家庭中可以说是比较幸福的一个,但作家通过列文的精神探索提出了重大的社会问题。这个似乎在家庭生活中得到幸福的人,其实深陷精神危机,多次濒临自杀的边缘。

从人物角度看,这部小说有两个中心人物:安娜和列文。

安娜的命运从一开始就是不幸的:少女时代从未体验过真正的爱情生活,由抚养她的姑母作主,嫁给了一个比她大二十岁的彼得堡高官卡列宁。卡列宁冷酷、虚伪,只知道追求功名和荣誉,把妻子看作自己的附属品。安娜和他在一起,没有产生过真正的爱情。她在一直压制自己对爱情的渴望的情况下,遇上了一个热烈追求自己,而且自己也爱他的伏伦斯基,她感到从

赏析

来没有过的幸福。她毅然决然地离开了自己的家庭,和伏伦斯基同居。安娜的行为受到上流社会的鄙视。安娜既受到上流社会的强大压力,又感到伏伦斯基对她的感情日渐冷淡,在极端痛苦和失望中,她走上绝路,卧轨自杀。

安娜的悲剧首先是一个社会性悲剧。从社会性矛盾冲突中去描绘安娜的形象,是托尔斯泰的基本思路。上流社会肮脏腐败,充满着虚伪,没有真诚和自由,没有真正的爱情和幸福。当安娜公开地以自己的行为向上流社会表明她有爱的权利时,她就不再是上流社会的宠儿而是它的异己了,她就成为整个上流社会诽谤、攻击甚至毁灭的对象了。卡列宁是一架"官僚机器",使他最感痛苦的并不是妻子的不贞,而是安娜不肯把这种不贞的行为掩饰起来,从而损害了他的名誉,影响了他的仕途。安娜追求爱情的自由是早期资产阶级个性解放的反映。卡列宁代表的是反动的官僚贵族,他维护的是封建道德和旧秩序,安娜与他的冲突不是一般夫妇之间的不和,而是资产阶级个性解放与虚伪的封建道德的矛盾,是资产阶级民主要求与封建制度的矛盾。托尔斯泰通过安娜的悲剧对当时俄国的黑暗现实作了愤怒的抗议和严厉的批判。他指出黑暗的反动势力扼杀了安娜个性解放的要求,并残酷地逼着她走上卧轨自杀的道路。安娜临死前发出的"这全是虚伪,全是谎言话,全是罪行"的控诉,是对整个贵族资产阶级社会所下的判词。不过,我们还应该看到,作家对安娜的态度是双重的:一方面他为安娜的悲剧鸣不平,认为有罪的不是安娜,而是迫害安娜的旧制度。另一方面托尔斯泰又谴责安娜。他用旧的道德原则来解释安娜悲剧的主观原因。他认为在上流社会面前安娜是无罪的,但在"永恒"的道德面前是有罪的。他说安娜没有尽到母亲的职责,为情欲所支配,违背了"爱的宗教",她应受到上帝的惩罚。这就是作品中安娜痛苦和矛盾的另一个根源。这也明显地反映了托尔斯泰世界观的矛盾。

安娜悲剧的另一个原因就在于她把自己的幸福希望寄托在伏伦斯基这样一个人身上。伏伦斯基本质上是一个花花公子,他爱上安娜,并且还以为

赏析

自己是诚心诚意地珍惜安娜的爱情,但他从来就没有真正地理解过安娜。他在感情、智能、品德、意志等方面都要远逊于安娜。他多半是像爱他的马那样来爱安娜,说穿了他主要是爱安娜的外貌美,而对安娜的精神世界并不理解。

小说中康斯丹丁·列文的形象,在很大程度上具有作者的自传性质。列文的思想和对生活道路的探索,反映了托尔斯泰在农奴制改革后的精神危机和他对19世纪70年代许多社会问题的看法。

列文大部分时间都生活在乡村的庄园里。在资本主义关系迅速发展、地主经济基础遭到破坏的情况下,列文是作为一个宗法制的生活方式的坚决维护者而出现的。他不满意一切都市文明,对资产阶级持完全否定的态度。他企图在贵族庄园生活的条件下,寻求一种能使地主和农民都满意的相互关系,使他的经济能够巩固,同时又获得精神上的满足。他不但和农民一起参加劳动,而且拟制合理经营农业的计划,主张"农民同样以股东资格参加农业经营"。他以为这样就可以使地主和农民都获得妥善的安排,就能够"以人人富裕和满足来代替贫穷;以利害和调和一致来代替互相敌视"。然而所有这些计划都是列文的空想,因为除了通过革命手段彻底改变私有制以外,农民和地主之间的矛盾是无法根本调和的。列文竭力想在保存地主土地所有权和保存地主与农民间宗法制关系的基础上解决迫切的社会问题,决定了他在社会方面的探求必遭失败。农事改革的失败和其他一些生活变故,使列文陷入悲观绝望,甚至打算自杀的境地。最后,跟打谷人费多尔的谈话,在列文的面前打开了一个新的境界。费多尔告诉他,"正直的老农民"弗克尼奇"为灵魂而活着。他记着上帝"。听了这些话,列文"恍然大悟",庄稼人的信仰成了列文全部生活探求的最后总结。他开始否定理智,走上了"道德自我修养"的道路。列文对于他生活中所碰到的许多问题,一个也没有解决。像这样尖锐地提出许多社会问题,而又不能指明解决途径的矛盾,正反映了托尔斯泰世界观中的局限。

作为一部巨型长篇小说,《安娜·卡列尼娜》在艺术上是十分精致的。

| 原文 |

这种宏大的规模与异常精美的艺术表现有机结合的例子,在世界文学中实属罕见。

在情节结构上,作品采用一种开放式的结构方法。开头和结尾都十分匀称,对三个家庭轮番的描写中,有时以事件为中心,有时则以人物为中心。转换自如,天衣无缝。作品广泛地使用了对比的手法,三个家庭的对比,各类人物的对比,对揭示主题、塑造性格都起着重要作用,产生良好的艺术效果。作品在肖像描写和心理描写上都极为出色,这两方面在主人公安娜身上表现得十分突出。关于安娜在舞会前前后后的描写,安娜临死前的心理的"意识流",都已成为世界文学中的不朽的篇章。

(朱宪生)

伊万·伊利奇之死

| 作品提要 |

伊万·伊利奇精于在官场中运筹帷幄,终于官场得意,成为法官。他过着极单纯和平凡的生活。一次,由于意外的事故,他得了不治之症。家人对他越来越嫌弃,让他觉得周围一切都是谎言和欺骗。在病中回顾一生,他才发现过得"不对头"。通过和死亡长期的恐怖、凄怆、悲壮的搏斗,他只在临终前的两小时,才在"黑暗"的前方发现了"光明"。

| 作品选录 |

九

深夜,妻子回来了。她蹑手蹑脚地走进来,但是他听见了她的脚步

声:他睁开眼睛,又急忙闭上。她想把格拉西姆打发走,亲自陪他。他睁开眼睛,说道:

"不。你走。"

"你很痛苦吗?"

"反正一样。"

"你吃点鸦片吧?"

他同意了,喝了下去。她走了。

直到凌晨三点钟前,他一直处在十分痛苦的昏睡中。他感到疼痛难忍,他觉得,他被塞进一只又窄又深的黑口袋,而且被越来越深地塞进去,然而就是塞不到底。加之,这件可怕的事是在他痛苦难当的情况下进行的。他又害怕,又想钻进去。他在挣扎,然而又在帮忙。突然间,他坠落下去,跌倒了,他醒了过来。还是那个格拉西姆坐在他的床脚头,在安静地、耐心地打着盹。可是他却躺着,把穿着袜子的两条瘦骨嶙峋的腿搁在他的肩膀上;还是那支罩着灯罩的蜡烛,还是那种无休止的疼痛。

"你走吧,格拉西姆。"他低声说。

"没关系,我再坐一会儿,老爷。"

"不,你走吧。"

他把腿缩了回来,侧身躺下,把一条胳膊压在身底下,自怜自叹起来。等格拉西姆走到隔壁房间去了,他便再也忍耐不住,像个孩子似的哭了起来。他哭的是自己的孤苦无告、自己的可怕的孤独、人们的残酷、上帝的残酷,以及上帝的不存在。

"你做这一切是为了什么?你干吗要把我带到人世间来呢?你为什么,为什么要这么可怕地折磨我呢?……"

他根本没有希望得到回答,他哭的是没有回答、也不可能有回答。

一
原文

又痛起来了,但是他没有动弹,也没有叫人。他自言自语道:"你来吧,你再疼吧!但这是为什么呢?我做了什么对不起你的事了呢,为什么呢?"

后来,他安静了下来,不仅不再哭了,甚至还停止呼吸,全神贯注:似乎他不是在倾听用声音说出来的说话声,而是在倾听他内心中升起的心声和思路。

"你到底要什么呢?"这是他听到的第一个可以用言语表达出来的明确的概念。"你到底要什么呢?你到底要什么呢?"他向自己重复道。"要什么?——不痛苦。活下去。"他答道。

他又全神贯注,留神谛听,连疼痛也没有使他分心。

"活下去?怎么活下去?"他的心声问道。

"对,活下去,像我过去那样活下去:心情舒畅,精神愉快。"

"像你过去那样活下去,心情舒畅、精神愉快吗?"那个声音又问。于是他就开始在自己心中逐一回想起他的愉快的生活中的最美好的时光。但是,说来也怪,所有这些愉快生活中的最美好的时光,现在看去完全不像当时所感觉到的那样。而且统统如此——除了儿时的一些最早的回忆。过去,在童年时代,有一些事情是的确愉快的,如果这些事情能够回来,倒是可以为它生活。但是那个体验过这种愉快的人已经不存在了,这仿佛是关于另一个人的回忆。

造成现在的他——伊万·伊利奇的那些事情一开始,过去被看作快乐的一切在他的心目中便渐渐消散,变成某种渺小的、常常令人生厌的东西了。

离童年越远,离现在越近,那些欢乐也就变得越渺小、越可疑。这是从他在法律学校上学的时候开始的。在法律学校倒还有某些确实美好的东西:那里有欢娱,那里有友谊,那里有希望。但是到了高年级,这些美好的时光就少起来了。然后是在省长身边第一次供职的时候,又出现了一些美好的时光:这是对于一个女人的爱情的回忆。然后这一切便乱作一团,美好的东西变得更少了。以后美好的东西又更少了点,越往后越少。

结婚……于是骤然出现了失望、妻子嘴里的气味、肉欲和装模作样!还有那死气沉沉的公务,还有那为金钱的操心,就这样一年,两年,十年,二十年——永远是这一套。而且越往后越变得死气沉沉。恰如我在一天天走下坡路,却自以为在步步高升。过去的情形就是如此。在大家看来,我在步步高升,可是生命却紧跟着在我的脚下一步步溜走了……终于万事皆休,你去死吧!

这到底是怎么回事呢?为什么呢?这是不可能的。生活不可能这样无聊、这样丑恶。如果生活真是这样无聊、这样丑恶的话,那又何必会死去,而且是痛苦地死去呢?总有些什么地方不对头吧。

"也许,我过去生活得不对头吧?"他脑子里突然出现了这个想法。"但是又为什么不对头呢,我做什么都是兢兢业业的呀?"他自言自语道,接着他便立刻把这唯一能够解决生与死之谜的想法当作完全不可能的事,从自己的脑海里驱逐掉了。

"你现在到底需要什么呢?活下去?怎么活下去呢?像你眼下在法院里,当执行吏宣布:'开庭!……'时那样活吗?开庭,开庭,"他向自己重复道。"瞧,这就是法庭!我可没有犯罪呀!"他愤怒地大叫。"为什么审判我?"接着他便停止了哭泣,把脸转过去对着墙,开始想那朝夕思虑的问题:为什么?这一切恐怖到底是为什么?

但是,不管他怎样苦苦思索,还是找不到答案。可是当他想到(这个想法常常来光顾他),这一切乃是因为他生活得不对头的时候,他又立刻想起他一生循规蹈矩,兢兢业业,于是他便把这个奇怪的想法赶走了。

| 原文 |

十

又过了两星期。伊万·伊利奇已经躺在长沙发上起不来了。他不愿意躺在床上,所以就躺在沙发上。几乎所有的时间他都面壁而卧,他孤独地忍受着那无法解决的同样的痛苦,孤独地思考着那无法解决的同样思想。这是怎么回事呢?难道当真要死吗?于是他内心的声音便答道:是的,这是真的。那这些痛苦又是为了什么呢?这声音又答道:就这样,不干什么。此外,往下想就是一片空虚。

从伊万·伊利奇开始患病的时候起,从他头一次去找医生看病的时候起,他的生活就分裂为两种彼此对立、互相交替的心情:时而是绝望和等待着那不可理解的、可怕的死,时而是希望和兴致勃勃地观察着自己体内的活动,时而他眼前只看见暂时偏离自己职守的肾或者盲肠,时而又只看见那用任何办法也无法幸免的不可理解的、可怕的死。

这两种心情从他患病之初便互相交替出现。但是越病下去,关于肾的种种推测就越变得可疑和荒诞不经,而死即将光临的意识却变得越来越真切了。

他只消想一想,三个月以前他是什么样子,现在他又是什么样子;想一想他怎样在一步步地走下坡路,使任何一点希望都破灭了。

近来,他一直处在孤独之中,他孤独地脸朝着沙发背躺着。身居人口稠密的城市之中,熟人无数,家属众多,可是他却感到一种在任何地方,无论在海底还是地下,都不可能有的深深的孤独——伊万·伊利奇在这可怕的孤独中,只靠回忆往事过日子。他的过去一幕接一幕地出现在他的面前。总是从时间最近的开始,逐渐引向最遥远的过去,引向儿时,然后便停止在那里。伊万·伊利奇想起了今天端给他吃的黑李子酱,他便想起了儿时那半生不熟的、皱了皮的法国黑李子,想起它那

原文

　　特别的味道和快吃到核时的满嘴生津。由于想起李子的味道,同时又出现了一连串儿时的回忆:保姆、弟弟和玩具。"别想这个了……想起来太痛苦了,"伊万·伊利奇自言自语道,于是他又转向现在。他看到沙发背上的纽扣和山羊皮的皱纹。"山羊皮既贵又不结实,就是因为它惹起了口角。但那是另一块山羊皮,而且也是另一次争吵,当时,我们把父亲的皮包扯破了。我们受到了惩罚,可是妈妈却拿来了馅儿饼。"于是思想又停留在童年时代,伊万·伊利奇又觉得很痛苦,于是他又极力把这个思想驱散,努力去想别的事。

　　与此同时,随着这个回忆的峰回路转,他心中又萦回着另一串回忆——想到他的病情是怎么加剧和发展的。越是追溯回去,生活的情趣就越多。生活中的善越多,生活本身的情趣也越多。二者水乳交融,相辅相成。"正如病痛越来越厉害一样,整个生活也越来越坏了,"他这样想。在生命刚开始的时候有一小点亮光,以后便越来越黑暗,越来越迅速。"与死亡距离的平方成反比。"①伊万·伊利奇想。于是一块石头以加速度向下飞落的形象便深印在他脑海中。一连串有增无已的痛苦,正在越来越迅速地飞向终点,飞向那最可怕的痛苦。"我在飞……"他战栗,动弹,想要反抗。但是他心中明白,反抗是没有用的,于是他就用他那看累了的、但又不能不看着他前面的东西的眼睛看着沙发背,等待着,等待那可怕的坠落、碰击和毁灭。"反抗是不行的,"他自言自语道。"但是哪怕能明白这是为什么呢!那也办不到。如果说我生活得不对头,那倒也是一种解释。但就是这点没法承认,"他自言自语道,想起自己毕生奉公守法、循规蹈矩和品行端正。"就是这点不能认账,"他一面对自己说,一面哑然失笑,好像有什么人会看见他的微笑并被他的微笑所骗似的,"无法解释!痛苦,死……这又是为什么呢?"

原文

十一

就这样过了两星期。在这两星期中,发生了伊万·伊利奇和他的妻子所盼望的事情:彼得里谢夫正式提出了求婚。这事发生在晚上。第二天,普拉斯科维娅·费奥多罗夫娜走进丈夫的房间,边走边寻思着怎样向他宣布费奥多尔·彼得罗维奇的求婚,可是也正是在昨天夜里伊万·伊利奇的病情进一步恶化了。普拉斯科维娅·费奥多罗夫娜看见他躺在那张长沙发上,不过换了个姿势。他仰面躺着在呻吟,目光呆滞地望着身前。

她先谈到药。他把自己的视线向她转了过来。她没有把她要说的话说完:他在这一瞥中表现出了极大的憎恨。而且是对她的极大的憎恨。

"看在基督分上,你就让我安安静静地死吧。"他说。

她想走开,但是这时女儿进来了,走到他跟前去问候。他像看妻子那样望了望女儿,她问候他的健康,对于她的问题他只是冷冷地答道,他很快就可以把他们大家解放出来不受他的拖累了。母女俩一言不发,坐了片刻便出去了。

"咱们到底做了什么错事啦?"丽莎对母亲说,"好像这是咱们干的似的!我可怜爸爸②,但是他干吗要折磨咱们呢?"

医生在平素该来的时候来到了。伊万·伊利奇在回答他"是与否"的时候,一直用愤恨的目光盯着他,最后终于说道:

"您明知道您已束手无策,那您就别管我了吧。"

"咱们总可以减轻一点痛苦吧。"医生说。

"那您也办不到,您就别管我了。"

医生走进客厅,告诉普拉斯科维娅·费奥多罗夫娜说,病情很严

原文

重,若要减轻痛苦(痛苦一定很剧烈),只有一个办法——服鸦片。

医生说他的肉体痛苦很剧烈,这话倒不假。但比他的肉体痛苦更可怕的是他的精神上的痛苦,这也是他的主要痛苦所在。

他的精神上的痛苦在于,昨夜,当他望着格拉西姆那睡眼朦胧的、善良的、颧骨突出的脸时,他突然想道:怎么,难道我的整个一生,自觉的一生,当真都"错了"吗?

他想到过去他觉得是完全不可能的事,就是他的一生过得不对头,——也许这是真的。他想到他反对身居最高地位的人们认为是好的东西的那些微弱的企图,那些他立刻从自己的脑海里赶走的微弱的企图,——这些倒可能是对的,而其他的一切倒可能是错的。他的工作、他的生活安排、他的家以及这些社会与公务的利益——这一切倒可能是错的。他企图在自己面前替这一切辩护。可是他忽然感到,他所辩护的事情太站不住脚了。根本就没有什么可以辩护的。

"倘若果真如此的话,"他对自己说道,"那我在离开人世的时候才认识到,我毁掉了上天给予我的一切,而且一切都已无可挽回,那又怎么样呢?"他仰面躺着,开始重新逐一检查自己整个的一生。当他在早上看见用人,然后是妻子,然后是女儿,然后是医生的时候,他们的一举一动、一言一行都证实了他在夜间所发现的那个可怕的真理。他在他们身上看到了他自己,看到了他过去赖以生存的一切,他清楚地看到这一切统统错了,这一切乃是一个掩盖了生与死的可怕的大骗局。这一认识加剧了,十倍地加剧了他肉体上的痛苦。他呻吟,辗转反侧,撕扯着身上的衣服。他觉得,这些衣服使他喘不过气来,使他难受。为此,他恨他们。

他们给他服了大剂量的鸦片,他昏睡过去了,但是在吃午饭的时候疼痛又开始发作。他把所有的人统统赶了出去,痛得直打滚。

原文

妻子走到他的身边说：

"Jean，亲爱的，这事你就算为我（为我？）做的吧。这不会有什么害处的，反而时常有用。怎么样，这没关系的。没病的人也常常……"

他睁大了眼睛。

"什么？领圣餐③吗？干什么？不要！不过……"

她哭了起来。

"行不行，亲爱的？我去把咱们的那位叫来，他非常和气的。"

"好极了，太好了。"他说。

当神父来了，并听了他的忏悔以后，他的心才软下来，他仿佛摆脱了自己的疑惑，感到一阵轻松，正由于这样，痛苦也似乎减轻了，霎时间，他升起了一线希望。他又开始想到盲肠以及治愈它的可能性。他两眼噙着泪水领了圣餐。

领完圣餐以后，他们又扶他躺下，他感到一阵暂时的轻松，生的希望又出现了。他想起了他们建议他做手术的事儿。"活，我想活。"他自言自语道。妻子前来祝贺他④；她说了一些人们惯常说的话，又加了一句：

"你觉得好点了，是吗？"

他看也没有看她就说道：是的。

她的衣服、她的体态、她的面部表情、她说话的声音——统统都在对他说着同样的话："错了。你过去和现在赖以生存的一切，不过是向你掩盖了生与死的一片虚伪和一场骗局罢了。"他一想到这个，他的憎恨就油然而起，而伴随着憎恨又升起了肉体上的剧烈的痛苦，而与痛苦俱来的则是意识到那不可避免的、即将来临的毁灭。出现了一种新的情况：他感到一阵绞痛和刺痛，疼得气都喘不过来了。

当他说"是的"的时候，他脸上的表情是可怕的。他说完"是的"以后，便直视着她的面孔，接着便异常迅速地（就他的虚弱而言）翻过身去，脸朝下，大叫：

"走开，走开，你们别管我了！"

十二

从此刻起，便开始了那第三天不停的喊叫，这叫声是如此可怕，隔着两道门也不能不使人毛骨悚然。在回答妻子问话的那一瞬间，他就明白他完了，无可挽回了，末日，真正的末日到了，可是他的疑惑仍旧没有得到解决，疑惑仍旧是疑惑。

"哎哟！哎哟！哎哟！"他用各种声调叫道。他开始大叫："我不要！"——接着便是一个劲儿地喊叫"哎哟"。

整整三天，在这三天中，对他来说是不存在时间的，一种无形的不可抗拒的力量正在把他塞进一只漆黑的口袋，他就在那黑咕隆咚的口袋里挣扎着。他苦苦地挣扎着，就像一个死囚明知道他已不能生还，可还在刽子手的手下苦苦挣扎一样。尽管他在拼命挣扎，可是每分钟都感到他离那使他胆战心惊的事越来越近了。他感到他的痛苦在于，他正在钻进那个漆黑的洞穴，而更痛苦的则是那个洞他钻不进去。妨碍他钻进去的是，他认定他的一生是光明正大的。对自己一生的这种自我开脱拽住了他，不让他前进，这就更使他痛苦不堪。

蓦地，有一股什么力量当胸，对准肋下推了他一下，他的呼吸更困难了，他终于跌进了洞穴，可是在那边，在洞穴的尽头，有件什么东西在发亮。他当时的情形，就像他常常在火车车厢里发生的情形那样，他自以为在前进，其实却在后退，到末了他才突然辨明了真正的方向。

"是的，一切都错了，"他自言自语道，"但是这不要紧。可以，可以再往'对'的方面做嘛。那么什么才是'对'的呢？"他问自己，忽然安静

原文

了下来。

这事发生在第三天的末尾,在他临死前一小时。就在那时候,那个中学生悄悄地走进了爸爸的房间,走到他的床边。那个生命垂危的人还在拼命喊叫,两手乱甩。他的手打着了中学生的头。中学生抓住了它,把它贴到嘴唇上,哭了起来。

就在那时候,伊万·伊利奇跌进了洞穴,看到了光明,这时他才恍然大悟,他的一生都错了,但这事还是可以纠正的。他问他自己:那么什么才是"对"的呢,接着他便屏息静听,安静了下来。这时,他觉得有人在吻他的手。他睁开眼睛,望了儿子一眼。他可怜起他来了。妻子走到他的身边。他望了她一眼。她张开了嘴,鼻子上和腮帮子上还挂着没有擦净的眼泪,她神情绝望地望着他。他也可怜起她来了。

"是的,我给他们增添了痛苦,"他想道,"他们觉得惋惜,但是等我死了以后,他们会好起来的。"他想说这话,但是没有力气说出来。"其实,何必说呢,应当做到才是。"他这样想。他用目光向妻子指了指儿子,说道:

"领走……可怜……还有你……"他还想说"宽恕",但却说成了"快去",因为没有气力更正,他便挥了一下手,他知道,谁该明白谁就会明白的。

他突然明白了,那使他苦恼和不肯走开的东西,正从他的左右和四面八方忽然立刻都走开了。他既然可怜他们,就应当做到使他们不痛苦。做到使他们,也使他自己摆脱这些痛苦。"多么好又多么简单啊。"他想。"可是疼痛呢?"他问他自己,"它到哪里去了呢?喂,疼痛,你在哪儿呀?"

他开始寻觅。

"是的,这就是它。那有什么要紧,让它去疼吧。"

"可是死呢?它在哪儿?"

他在寻找他过去对于死的习惯的恐惧,可是没有找到它。它在哪

原文

儿？死是怎样的？任何恐惧都没有,因为死也没有。

取代死的是一片光明。

"原来是这么回事儿!"他突然说出声来,"多么快乐啊!"

对于他,这一切都是在一瞬间发生的,而这一瞬间的意义已经固定不变。对于守候在旁的人来说,他的弥留状态又持续了两小时。他的胸腔中有什么东西在呼哧呼哧地响,他那瘦削不堪的身体也在微微颤抖。然后呼哧声和嘎哑声便越来越少了。

"完了!"有人在他的身旁说道。

他听见了这话,并在自己心中把这话重复了一遍。"死——完了,"他对自己说,"再也没有死了。"

他吸进一口气,但是刚吸下半口就咽了气,两腿一伸,死了。

(1886年3月)

(臧仲伦 译)

注释

① 意为离死亡越近,速度越快。

② "爸爸"两字是用法国腔的俄语说的。

③ 又称领圣体血,东正教的一种礼仪:由神父对面饼和葡萄酒(象征耶稣为众人免罪而舍弃的身体和血)进行祝祷,然后由教徒领食之。教徒临终要领最后一次圣餐。

④ 祝贺他领了圣餐。

赏析

世界上有一种没有脚的鸟,它的一生只能一直飞翔,飞累了就睡在风

赏析

中,这种鸟一辈子才会落地一次,那就是死亡来临的时刻。其实这也就是人的一生,就是我们生活和死亡的过程。读过这篇作品,才知道,原来,死亡也是一种过程。古希腊哲学家爱比克泰德说:"可怕的不是死亡而是对死亡的恐惧。我不可逃避死亡,难道我就不当逃避对死亡的恐惧?我就当在恐惧和战栗中死去?"伊万·伊利奇临终前的时间主要就是在对死亡的恐惧中度过的。这与加西亚·马尔克斯《霍乱时期的爱情》中赫雷米亚斯·德圣阿莫尔极具理性的自杀有异曲同工之妙,他的自杀是因惧怕衰老以及遭遇悲惨的死。任何读过19世纪俄国大文豪托尔斯泰的日记与传记的读者都知道,西方文学史上几乎找不到一个作家,像他那样惧怕死亡,也没有一个作家像他那样自幼幻想死亡,凝视死亡,并想尽办法超越死亡。他在1886年完成的关于死亡的不朽作品《伊万·伊利奇之死》,便是显著的例证。托尔斯泰多次体验过忧虑与死亡的恐怖,这完全打破了他原本宁静的心态,在文学史上被称为"阿尔扎马斯的恐怖"。我们可以说,《伊万·伊利奇之死》虽取材于那位俄国法官的垂死挣扎,实质上却反映了托尔斯泰有关生死问题的思考。

著名作家斯塔索夫函告托尔斯泰说,他从未读过如此精彩的杰作:"人间还未产生过这样伟大的创作。与你这篇70页左右的作品相比,其他一切作品就未免显得无足轻重了。"由此可见《伊万·伊利奇之死》的文学成就之高(尤其在"死亡文学"这一领域)。以选段为例,主要有以下几点:

首先,小说塑造的人和事具有高度的真实感。按照弗洛伊德的说法,人都是千篇一律的动物,他们为了谋生平庸地生活着。伊万·伊利奇只是如此平凡的小人物,这类人物在俄罗斯乃至全世界有成千上万,他们过着单纯枯燥无聊的生活,又无声无息地死去。故事虽然简单,文字也朴素得像白描,但人物形象极其鲜明。伊万·伊利奇"能干,乐观,厚道,随和,但不能严格履行自认为应尽的责任,而他心目中的责任就是达官贵人所公认的职责",作者以这寥寥几句话,就把一个旧俄官僚的轮廓勾勒出来,展示

赏析

在读者面前。伊万·伊利奇的那些同事在听到他的死讯时首先考虑的是,他的死对他们本人和亲友在职务调动和升迁上会有什么影响。他们嘴里都表示惋惜,心里却暗自庆幸:"还好,死的是他,不是我。"短短一句话就把官僚们极端自私的嘴脸揭露无遗。伊万·伊利奇的家庭生活也很糟糕。婚后他过了一段短暂的快乐生活,但不久因经济负担,夫妻争吵,使他对家庭生活越来越厌恶。但考虑到自己的身份地位,又不得不"维持社会所公认的体面的夫妇关系"。这样的家庭生活在当时上流社会里是相当普遍的,因此具有典型性。托尔斯泰就是这样入木三分地揭示人与人之间的冷漠,真实地描绘出一幅幅惊心动魄的图画。

其次,是心理描写的洞察幽微。车尔尼雪夫斯基指出,托尔斯泰具有洞察人类心灵隐秘进程的惊人的能力,"……托尔斯泰伯爵最感兴趣的是心理过程本身,它的形式、它的规律,用特定的术语来说,就是心灵的辩证法"。在节选部分,这种心灵辩证法的描写特别生动。伊万·伊利奇从得病到去世的几个月里,内心活动十分复杂,变化多端。如对医生的不信任,对上帝的"埋怨",对妻女外出的嫉妒与愤恨,绝望无助的孤独感,在生命尽头对于死亡的"接受"。他患得患失,忧心忡忡,不能自拔。随着病情的不断恶化,他越来越沮丧。他觉得,有一种神秘可怕的东西在不断吮吸他的精神,硬把他往什么地方拉。他意识到"他的生命遭到毒害,他还毒害了别人的生命,这种毒害不仅没有减轻,而且越来越深地渗透到他的全身"。同时他又觉得,在这样的生死边缘上,他只能独自默默地忍受,没有一个人能了解他,没有一个人可怜他。在这种绝望的心情中,他常常觉得死神就在身边,从各个角落窥测他,要抓走他的生命,使他吓得魂不附体。他的死使人想到《安娜·卡列尼娜》中尼古拉的死。但伊万临死前的心理活动比尼古拉的更加复杂,更加悲惨。从另一个角度来看,作品的杰出成就,就在于生动再现了人物的理性与非理性的心理。理性是因为小说描写的心理都是真实的,合情合理的,有清晰的生活内容,有真实可感的生活细节,有完

| 原文 |

整的人物经历和故事情节,有具体的时空。非理性,是因为作者为我们再现了一种病态心理,一个支离破碎的生活状态。托尔斯泰对人的内心世界的把握也许是无人可及的,从这个意义上说,这是当之无愧的心理现实主义的杰作。

(郑德云)

复 活

| 作品提要 |

农奴之女马斯洛娃是贵族青年涅赫柳多夫姑母家的养女兼侍女,在16岁时被涅赫柳多夫诱奸,怀上了小孩后被姑母赶出家门,最终走投无路,跌入了妓院的火坑。十年后,马斯洛娃被诬告为杀人犯,受审时涅赫柳多夫恰巧是陪审员,他明白她的堕落是他一手造成的,决心以行动赎罪,为她的案子到处奔波。最后,两人都懂得了生活的真正意义,精神走向复活。

| 作品选录 |

上 部
二十八

"可耻而又丑恶,丑恶而又可耻,"涅赫柳多夫顺着他所熟悉的街道步行回家,暗自想着。方才他跟米西谈话的时候所体验到的沉重心情至今没有离开他。他感到,在形式上,如果可以这么说的话,他对她倒没有什么错处:他丝毫没有对她说过什么束缚他自己的话,也没有向她

原文

求过婚,不过实际上他感到已经跟她联系在一起,应许过她了。然而今天他却全身心地感到他不能同她结婚。"可耻而又丑恶,丑恶而又可耻,"他反复地对自己说,这不单是指他跟米西的关系,而是泛指一切事情说的。"一切都丑恶而又可耻,"他走到他家的门廊上,又对自己说了一遍。

"我不吃晚饭了,"他对跟着他走进饭厅里来的听差科尔涅伊说,饭厅里已经准备下餐具和茶。"您去吧。"

"是,"科尔涅伊说着,可是没有走开,动手收拾饭桌上的东西。涅赫柳多夫瞧着科尔涅伊,对他生出了反感。他一心巴望大家都躲开他,让他一个人待着,可是他觉得大家仿佛有意为难似的,偏偏缠住他不放。等到科尔涅伊拿着餐具走出去以后,涅赫柳多夫本来要走到茶炊跟前去斟茶,可是听见阿格拉费娜·彼得罗夫娜的脚步声,就赶紧走进客厅,随手关上身后的房门,免得跟她见面。这个房间(客厅)就是三个月前他母亲去世的地方。现在,他走进这个灯光明亮的房间,看见两盏装着反光镜的灯,其中的一盏照着他父亲的画像,另一盏照着他母亲的画像,就想起了他和母亲在最后一段时期的关系,依他看来那种关系显得不自然、可憎。那也是丑恶而又可耻的。他回想在她害病的后期,他简直巴望着她死。他对他自己说,他巴望她死是为了让她免得再受苦,其实他巴望这一点却是为了免得让他自己看见她受苦。

他有意在他的心里唤起关于她的美好的回忆,就看一看她的画像,那是破费五千卢布聘请一个有名的画家画成的。在画上,她穿着黑色天鹅绒连衣裙,袒露着胸脯。画家分明特别用心地描画两个乳房中间的胸脯和美丽得耀眼的肩膀和脖子。这简直是十分可耻而又丑恶的。把他的母亲画成一个半裸体的美人,这件事含着一种可憎的、亵渎的意味。使得这件事尤其可憎的,是三个月以前,这个女人就躺在这个房间

一

原文

一

里,干瘪得像是一具木乃伊,可是仍旧不但使得整个房间里,而且使得整所房子里都弥漫着一股浓重难闻的气味,任什么办法也不能把它盖过去。他觉得就连现在他也好像闻到了那种气味。随后他又想起她在临死的前一天伸出一只露出骨节的、颜色发黑的手来,抓住他的有力的白手,瞧着他的眼睛说:"要是我有什么做得不对的地方,你不要责怪我,米佳。"她那对由于痛苦而暗淡下去的眼睛里涌上了眼泪。"多么丑恶!"他瞅着那个半裸体的女人,以及漂亮的、大理石般的肩膀和胳膊、得意洋洋的笑容,就又对他自己说了一遍。这个画像上袒露的胸脯使他联想到另一个年轻女人,前几天他看见她也这样袒露着胸脯。那个女人就是米西,有一天傍晚她找出一个借口,叫他到她的房间里去,要他看一看她出外去参加舞会而穿着一身舞衫的模样。他带着憎恶的心情想起她的漂亮的肩膀和胳膊。此外还有她那个粗鲁的、野兽般的父亲以及他的往事和残忍,还有她那个 bel esprit① 的母亲的可疑的名声。所有这些都是可憎的,同时又是可耻的。可耻而又丑恶,丑恶而又可耻。

"不行,不行,"他暗想,"必须丢开这一切,必须摆脱跟科尔恰金一家人,跟玛丽亚·瓦西里耶夫娜,跟遗产,跟其他一切的虚伪关系……对,要自由地呼吸。我要出国,到罗马去,钻研我的绘画。……"他想起他怀疑自己的才能。"哦,那也没关系,只要能自由地呼吸就成。先到君士坦丁堡,再到罗马,只是要赶快辞掉陪审员的职务。还要跟律师把那个案子谈妥。"

于是忽然间,在他的想象里,异常逼真地浮起那个女犯人的影子以及那对斜睨的黑眼睛。在被告们提出最后供词的时候,她哭得多么厉害啊!他匆匆地在烟灰碟里把吸完的纸烟揉搓一下,把烟头弄灭,另外又点上一支,开始在房间里走来走去。于是在他的脑海里,他同她一起

原文

经历过的那些场面就开始一个连一个地出现。他想起他跟她最后一次的相逢,想起当时支配着他的兽性情欲,想起那种情欲得到满足以后他所感到的失望。他想起她的白色连衣裙和天蓝色的腰带,想起那次晨祷。"是啊,那天晚上我爱她,怀着美好纯洁的爱情真心爱着她,而且远在那以前我就爱她了,我头一回在姑姑们家里住下,写我的论文的时候,我就已经深深地爱着她了!"紧跟着他回想他当时是什么样子。那种朝气、青春、充实的生活就像一股清风似的迎着他吹过来,他不由得感到痛苦而哀伤。

当时的他和现在的他,这中间的区别是巨大的。这个区别,比起在教堂里的卡秋莎和陪着商人灌酒而且今天上午受到审判的那个妓女之间的区别来,即使不是更大,至少也同样地大。当初他是生气蓬勃的、自由的人,在他面前展开无限的可能;如今他却感到已经被愚蠢的、空洞的、毫无目标的、渺小的生活的罗网从四面八方团团围住,从中看不见任何出路,甚至大概也不想闯出去了。他想起当初他怎样以他的耿直性格自豪,当初他怎样为他自己定下了永远说实话的原则,而且果然做到了实话实说,现在他却完全陷在虚伪里,陷在最可怕的虚伪里,陷在他四周的一切人都认为是真理的虚伪里,不能自拔了。在这种虚伪里是没有任何出路的,至少他自己看不出有什么出路。于是他深深地陷在那里面,习以为常,觉得倒也逍遥自在了。

该怎样来解决他跟玛丽亚·瓦西里耶夫娜的关系,他跟她丈夫的关系,才能使他不至于羞得不敢正眼看那个丈夫和他的孩子们呢?怎样才能毫不做假地了结他跟米西的关系呢?他一面承认土地私有制不合理,一面又由于继承母亲的财产而占有土地,这个矛盾该怎样才能解决呢?该怎样做才能在卡秋莎面前赎他的罪呢?他不能丢下这件事情不管。"我不能抛弃一个我爱过的女人,只限于付给律师一笔钱,以便

原文

解除她本来就不该遭到的苦役刑。我也不能用金钱来赎罪,不能像我以前给她那笔钱的时候自以为做了一件应该做的事。"

于是他逼真地想起当初他在过道里追上她,把那笔钱塞给她,然后从她身旁跑掉的情景。"啊,那笔钱!"他回想当时的情景,又是恐惧,又是憎恶,就跟那时候他的心情一样。"哎呀,哎呀!多么丑恶!"他也像当时那样大声说出来。"只有流氓、坏蛋才干得出这种事!我,我就是坏蛋,就是流氓!"他大声说道。"不过,难道真是这样吗?"他停住脚,不再走动,"难道我真是坏蛋,难道我确确实实是坏蛋?然而不是我又是谁呢?"他回答自己说。"再者,莫非只有这一件事吗?"他继续揭露他自己。"莫非你跟玛丽亚·瓦西里耶夫娜以及她的丈夫的关系就不丑恶,不下流?还有你对财产的态度呢?你认为财产不合理,可是你又借口说那些钱是你母亲的,就放手用起来。还有你那游手好闲的、肮脏的全部生活。而这一切的顶峰,也就是你对卡秋莎的行径。你这坏蛋,流氓!随他们(别人)爱怎样评断我就怎样评断我好了,我能够欺骗他们,可是我欺骗不了我自己。"

他这才忽然明白过来,原来他在最近这段时期对人们所发生的憎恶,特别是今天对公爵,对索非娅·瓦西里耶夫娜,对米西,对科尔涅伊所发生的憎恶,其实就是对他自己的憎恶。说来奇怪,这种承认自己卑鄙的心情,固然不免使人痛苦,同时却又使人快乐而心安。

涅赫柳多夫生平已经不止一次地发生过他称之为"灵魂的扫除"这类的事情。他所谓的灵魂的扫除,指的是这样的一种精神状态:往往经过很长一段时期的间隔以后,忽然,他感到他的内心生活疲沓了,有时甚至停顿了,就着手把堆积在他灵魂里而成为这种停顿的原因的垃圾统统清除出去。

在这样的觉醒以后,涅赫柳多夫总要给他自己定出一些规则来,打

原文

算从此以后永远遵守,例如写日记,开始过新的生活,希望这种生活以后再也不会改变,也就是像他对自己所说的那样,turning a new leaf②。然而每一回,人世的诱惑总是降伏了他,他不知不觉地又堕落了,往往比以前堕落得更深。

他照这样打扫自己,提高自己,已经有好几回了。那年夏天他到姑姑们家里住下的时候,他是第一回做这种事。这是一次最有生气、最热情洋溢的觉醒。这次觉醒的效果保持得相当久。后来,在战争时期,他辞去文职,到军队中工作,愿意献出他的生命的时候,又有过这样的觉醒。不过这一回他的灵魂很快就被垃圾塞满了。后来还有过一回觉醒,那是在他辞去军职,到国外去钻研绘画的时候。

从那时候起到今天,他已经有很长一段时期没有打扫过他的灵魂,所以他从来也没有像这样肮脏过,他的良心所要求的东西和他所过的生活之间也从来没有像这样不协调过。他看到这个差距,不由得心惊肉跳。

这个差距那么大,污垢又那么多,起初他灰心了,认为不可能打扫干净。"要知道,你已经尝试过道德上的自我修养,打算变得好一点,可是什么结果也没有,"诱惑者③的声音在他的灵魂里说,"那么何必再试一次呢?又不是只有你一个人这样,大家都是这样的,生活本来就是这样嘛。"这个声音说。然而,自由的、精神的人,已经在涅赫柳多夫的身上觉醒,只有这个人才是真实的,只有他才是强大的,只有他才是永恒的。涅赫柳多夫不能不相信他。尽管他实际上是一个什么人和他希望成为一个什么人之间的差距那么大,可是对已经觉醒的精神的人来说,一切事情都是可以做到的。

"不管要我付出什么样的代价,我也要冲破这种束缚我的虚伪。我要承认一切,对一切人说老实话,做老实事,"他果断地对自己大声说。

原文

"我要对米西说实话,讲明我是一个放荡的人,不配跟她结婚,我只是平白无故地打搅了她。我要对玛丽亚·瓦西里耶夫娜(首席贵族的妻子)说实话。不过,对她没有什么话可说了。我要对她的丈夫说我是坏蛋,欺骗了他。对于遗产,我也要处理得合乎真理的原则。我要对她,对卡秋莎说,我是坏蛋,对她有罪,我要做我所能做的一切事情来减轻她的厄运。对,我要去见她,请求她宽恕我。对,我要像小孩子那样讨饶,"他收住脚,站定,"如果必要的话,我就跟她结婚。"

他停住,照他小时候常做的那样把两只胳膊交叉在胸前,抬起眼睛往上看,对一个什么人说:

"主啊,帮助我,教导我,到我的心里住下,清除我心中的一切污垢吧!"

他祷告,请求上帝帮助他,到他的心里来住下,清除他心中的一切污垢,同时他所要求的那些事就已经实现了。住在他心里的上帝,已经在他的思想感情里醒过来。他感到了上帝的存在,因此不但感到自由、勇气、生活的快乐,而且感到了善的全部威力。这时候,凡是人能做的最好的事,一切最好的事,他觉得他自己都能够做到。

他对自己说这些话的时候,他的眼睛里含满了泪水。那又是好的泪水,又是坏的泪水。其所以是好的泪水,那是因为精神的人虽然这些年来一直在他的心里沉睡,然而现在却在他的心里醒过来了,他就流下了欢喜的泪水;其所以是坏的泪水,那是因为这是自怜自爱的泪水,为他自己的美德所感动的泪水。

他觉得浑身发热。他走到一个已经卸下冬季套窗的窗口,推开窗子。窗外是花园。那是月夜,没有风,空气清新。车轮在大街上辘辘地响了一阵,然后一切归于沉寂。在窗子的紧跟前,现出一棵高大的杨树的阴影,光秃的树枝的影子犬牙交错,清楚地印在一块打扫干净的小空

> 原文

场的沙土地上。左边是堆房的房顶,在明亮的月光下显得发白。正面,树木的枝丫交织在一起,后边现出一道围墙的黑影。涅赫柳多夫瞧着被月光照亮的花园和房顶,瞧着杨树的阴影,吸进清爽新鲜的空气。

"多么好啊!多么好啊,我的上帝,多么好啊!"他说,指的是他灵魂里所起的变化。

下 部
八

涅赫柳多夫回到屋里。账房已经收拾出来供他过夜,他发现那儿摆着一张高大的床,床上摆着鸭绒垫子,放着两个枕头,铺着一条深红色绸被子,绗得细密而带花纹,厚得卷不起来,是供双人盖的,分明是管家的妻子的嫁妆。管家邀请涅赫柳多夫去吃今天午饭所剩下的菜,可是涅赫柳多夫谢绝了。管家为饮食起居方面的怠慢告了罪,走出去,留下涅赫柳多夫独自一个人待在房间里。

农民们的拒绝丝毫没有惹得涅赫柳多夫心烦意乱。刚好相反,尽管在库兹明斯科耶那边,农民们接受了他提出来的办法,不断向他道谢,而在这儿农民们却对他表示不信任,甚至敌视他,可是他仍然感到心情平静而欢畅。账房里闷热,不干净。涅赫柳多夫就走到房外,打算到花园里去,然而他想起那个夜晚,那个女仆房间的窗子,那个后边的门廊,觉得现在去重游那些被犯罪的回忆玷污了的地点未免不愉快。他就又在门廊上坐下,吸着温暖的空气里弥漫着的桦树嫩叶的浓烈香气,久久地瞧着漆黑的花园,谛听磨坊的流水声和夜莺的鸣叫声,另外还有一只什么鸟在门廊附近的灌木丛中发出单调的呼哨声。管家的窗子里,灯光熄了。东边,在谷仓的后面,初升的月亮射出万道银光。天空的闪电越来越亮,照着百花盛开、郁郁葱葱的花园和破败的正房。远

原文

处响起了雷声,天空有三分之一布满了乌黑的雨云。夜莺和别的鸟停止歌唱了。磨坊哗哗的流水声中,夹杂着鹅的嘎嘎叫声,然后村子里和管家的院子里,醒得早的公鸡纷纷啼起来,遇到天气炎热而有雷雨的夜晚公鸡照例是啼得早的。常言道,每到快活的夜晚,公鸡就啼得早。这个夜晚对涅赫柳多夫来说还不止是快活而已。这在他是一个欢乐而幸福的夜晚。当初他年轻纯洁的时候在此地度过了一个幸福的夏天,现在他的想象力就把他在那年夏天所得到的种种印象重现在眼前,他感到现在自己不但同那时候一样,而且同他一生中一切最好的时刻一样。他不但想起,而且体会到,现在他自己就像当初是个十四岁的孩子,向上帝祷告,祈求上帝对他揭示真理的时候一样,就像他小时候扑在母亲的膝头上,向她告别,一面哭着,一面向她应许说他永远做一个好孩子,绝不惹她伤心一样。他感到他现在就像当初他和尼古连卡·伊尔捷涅夫一块儿决定他们要永远互相帮助过一种纯洁美好的生活,尽心竭力使一切人都变得幸福的时候一样。

他这时候想起他怎样在库兹明斯科耶受到试探,怎样留恋那所房子、那片树林、那些农具和设备、那些土地,现在他就问自己:他还舍不得那些东西吗?他想到自己居然会舍不得那些东西,甚至觉得奇怪。他回想他今天看见的种种现象,例如失去丈夫而带着几个孩子一起生活的女人,而她的丈夫就是因为砍伐他涅赫柳多夫的树林里的树木才关进监牢的,还有可怕的马特廖娜,她竟然认为,或者至少她口头上说,处在她们那种地位的女人本来就应当甘心做主人的情妇;他回想她对孩子的态度,回想把孩子送到育婴堂去的办法。他想起那个不幸的娃娃,头上戴着小圆帽,面容苍老,露出笑容,由于食物不足而濒于死亡。他还想起那个怀孕的、虚弱的女人,因为劳动得筋疲力尽,没有管好她那头饥饿的奶牛而被逼着要为他做工。这时候他还想起监狱、剃掉一半头发的脑袋、牢房、惹人恶心的气味、镣铐,紧跟着又想起他自己的生活以及京都大邑老爷们全部生活的穷奢极欲。这一切是十分清楚,不容怀疑的。

一轮差不多滚圆的明月从谷仓后面升上来,乌黑的阴影铺开,盖满了整个院子。破败的正房的铁皮房顶开始闪闪发光。

沉默着的夜莺仿佛不愿意辜负月光似的,在花园里打着唿哨,鸣啭起来。

涅赫柳多夫想起先前他在库兹明斯科耶的时候,怎样开始考虑他自己的生活,着手解决他要做些什么事和怎样去做的问题,想起他怎样被这些问题困住,没法解决,因为每一个问题都引起那么多的顾虑。现在他又对自己提出这些问题,却发现一切都很简单,不由得暗自惊讶。其所以会变得简单,是因为他现在不考虑他会遭到什么后果,这甚至引不起他的兴趣,他所考虑的只是他应该做什么事。说来奇怪,他自己需要什么,他无论如何也不能确定,至于他必须为别人做些什么,他却毫无疑问地知道。现在他毫无疑问地知道必须把土地交给农民,因为留下土地是不对的。他毫无疑问地知道他不应该丢开卡秋莎不管,应该帮助她,应该准备用各种方式赎他对她所犯下的罪。他毫无疑问地知道他必须研究、分析、明了、理解所有关于审判和处罚之类的事情,觉得从中看出了一些别人没有看出来的东西。这样做会得出什么后果,他不知道,然而他毫无疑问地知道不论是第一件事,第二件事,还是第三件事,都是他非做不可的。正是这个坚定的信念,才使得他满心高兴。

乌黑的雨云已经完全聚集拢来。现在他所看见的不再是远处的电光,而是明晃晃的闪电,照亮整个院子、破败的正房和它那朽坏的门廊。雷声已经在他的头顶上隆隆地响。所有的鸟雀都不出声,不过树叶倒飒飒地响起来,风一直刮到涅赫柳多夫坐着的门廊上,吹拂他的头发。一颗雨点落下来,随后又是一颗,接着就有许多颗雨点一齐敲打牛蒡和

一
原文
一

铁皮房顶。一道闪电明晃晃地照亮整个空间,于是一切声音都归于沉寂,涅赫柳多夫还没有来得及从一数到三,就当头来了一声可怕的霹雳,接着整个天空都轰隆隆地震响了。

涅赫柳多夫走进房里。

"对了,对了,"他想,"我们的生活中正在进行的工作,这整个工作,这工作的全部意义,是我所不理解,也不可能理解的:为什么世界上有过我的姑姑们?为什么尼古连卡·伊尔捷涅夫死了,而我还活着?为什么有一个卡秋莎?为什么我有过那种疯魔状态?为什么有过那一次战争?为什么我后来过那种放荡的生活?理解这一切,理解主的全部工作,在我是办不到的。不过,执行那铭刻在我良心上的主的意志,我却能办到,这是我毫无疑问地知道的。我这样做,心里就平静,这也是毫无疑问的。"

小雨已经变成倾盆大雨,雨水从房顶上流下来,咕咕响地灌进下面的小木桶里。闪电不再常常照亮院子和房屋,稀得多了。涅赫柳多夫回到房间里,脱掉衣服,在床上躺下;他有点担心臭虫,破旧而肮脏的壁纸使得他怀疑那儿藏着臭虫。

"是的,应该感觉到自己不是主人而是仆人。"他暗想,而且为这个想法高兴。

他的担心是对的。他刚熄掉蜡烛,那些虫子就爬到他身上来,开始叮他。

"交出土地,到西伯利亚去,那边有数不尽的跳蚤、臭虫、肮脏……不过,那有什么了不得的呢,如果必须忍受这些,我也受得住。"可是,尽管他抱着这样的愿望,他还是受不了那些臭虫。他就到敞开的窗子那边坐下,欣赏退到远方去的乌云和重又出现的月亮。

(汝 龙 译)

注释

① 法语,意为"自以为聪明"。
② 英语,意为"翻开新的一页"。
③ 指基督教传说中的魔鬼。

赏析

这是一部宣扬人性美、批判现实罪恶的作品,是"托尔斯泰主义"的艺术佳构。作品通过涅赫柳多夫和马斯洛娃的人性中的善的复苏来成全作家心目中的理想人民和乌托邦幻想,并以清醒的现实主义无情地撕毁了统治阶级的假面具,深刻地揭露了沙皇俄国的黑暗腐朽,其批判的深刻和火力的猛烈在俄国文学中,堪称首屈一指。作品的情节比较单一,主要围绕涅赫柳多夫和马斯洛娃的关系串联各个事件与生活场景,但是内容却丰富深刻,阐述有力、紧凑而富有戏剧性。

男女主人公都经历了纯洁——堕落——复活的精神历练。男主人公涅赫柳多夫是作家塑造的忏悔贵族的典型,他本来是一个善良、有理想、有美好追求的青年,但进入军队和上流社会后,他的这种纯洁和朝气遭到同事、亲友的嘲笑和不解,在周围污浊环境的影响下,兽性的一面战胜了人性的一面,他成了一个放荡的军人,过起花天酒地醉生梦死的生活。最终抵制不住欲望的驱使,诱奸了曾经真心爱恋过的马斯洛娃,随后又将她抛弃。直到十年后在法庭上遇到马斯洛娃,看见她由于他的过错而遭受的悲惨遭遇,他的沉沦已久的人性才慢慢地苏醒,他被自己内心的恐惧、悔恨所震慑,萌生出沉重的负疚和忏悔感,道德和精神的力量战胜了他内心深处利己主义的一面,他开始为减轻马斯洛娃的刑罚而四处奔走。随着奔走的深

赏析

入,他逐渐看清了整个国家机构和社会制度的罪恶,强烈感到周围的一切都"可耻而又丑恶,丑恶而又可耻"。他感到自己有罪,并决心赎罪,他要跟腐烂的环境决裂,以获得新生。这种忏悔贵族曾出现在托尔斯泰不同时期的小说中。从《一个地主的早晨》中的涅赫柳多夫,《哥萨克》中的奥列宁,《战争与和平》中的安德烈、皮埃尔,《安娜·卡列尼娜》中的列文,再到本文中的涅赫柳多夫,体现了托尔斯泰的"自我反省"式人物的探索与发展,凝结着作家在精神上的深刻思索,带有作者本人思想发展的烙印。而《复活》中的涅赫柳多夫,其忏悔力度和批判深度无疑超过了作者以前写过的任何一个人物。

女主人公马斯洛娃本来是涅赫柳多夫姑母家的半养女、半奴婢,十六岁的她天真可爱、心地善良,眼睛常常快活得发亮。但当她被涅赫柳多夫玩弄导致怀孕,并被赶出家门后,就一步步走向堕落。她也曾试着靠做女仆挣饭吃,可是屡遭调戏以至强暴,又不适应过艰苦的洗衣工生活,为了不致饿死,她也就只剩了一条路可走——出卖色相。在涅赫柳多夫的真心忏悔与拯救下,特别是在监狱中接触了政治犯后,她慢慢恢复了廉耻感,树立了自尊心,最终彻底摆脱了原来的卑俗趣味和生活习气,重新变成了一个会思考的人。最后她嫁给革命者西蒙松,两人一起投入革命的洪流。较之面对种种罪恶找不到出路而躲进《福音书》中去的涅赫柳多夫,马斯洛娃的精神复活更接近劳动阶层,更有反抗性。从她最后投入革命这点看,她已成为俄国革命原动力的一分子,此中所揭示的俄国社会现实也就更加发人深省。

不难看出,男女主人公的堕落都是不良社会环境造成的。与其说作者是在写男女主人公的爱情纠葛,还不如说是借此线索来展示缠绕在他们周围的黑暗腐朽的社会阴霾。涅赫柳多夫身处当时俄国贵族地主阶级普遍的浮夸糜烂的风气中,若不想成为局外人,就不得不学他们的样成为那个腐朽阶级中的一员。他浑浑噩噩地一次次否定"自我的灵魂扫除",从诚

赏析

实、高尚、把自己的土地无偿分给农民的青年学生,变成心安理得地过着奢侈荒淫生活的利己主义者。用一百卢布买断对马斯洛娃的愧疚,私通有夫之妇的同时准备向公爵小姐求婚,为拥有大宗家业而感到"愉快"……阶级的特权怂恿他这样去做,似乎有人在耳边不断告诉他生活本来就是这样的。在与马斯洛娃相逢前,他的断断续续的"灵魂扫除"显得那么无力:"每一回,人世的诱惑总是降服了他,不知不觉地他又堕落了,往往比以前堕落得更深。"女主人公就更是她的屈辱的社会地位的悲剧演绎了。当怀孕的马斯洛娃淋着雨追赶在火车上舒适地靠着丝绒椅饮酒取乐的涅赫柳多夫无果后,在受尽雇主的欺辱后,在店员负情后,她不再相信善的存在,一步步沦落为麻木不仁的妓女。没有特权阶级的保护,在罪恶的社会中,她不得不沦为供人取乐的玩物。马斯洛娃的堕落过程充分揭露了社会的黑暗。但作者并未止步于此,他还通过对法庭、宗教、特权阶级的诠释全面暴露了沙皇专制制度的黑暗。执法机关从上到下都是昏天黑地毫无公理,庭长、法官、检察官都拿犯人的生命当儿戏,枢密院又不问案情的是非曲直,冤狱遍布全国,监狱人满为患。官僚机构腐朽不堪,官吏草菅人命,在这种情境下,马斯洛娃成了荒谬的法律和昏庸法官的牺牲品。他们明知她没有杀人,却判她流放四年。而真正的杀人犯——旅店仆役,花了三百元钱请律师辩护开脱,就把罪责全推在马斯洛娃身上。沙皇政府还用宗教来麻痹人们的思想。在暗无天日的监狱里举行的祈祷仪式,其实是对思想的控制与禁锢,使大多数犯人相信这种神秘的力量会给他们带来现世和死后的幸福,不再反抗现存暴虐的制度。小说还时不时地穿插农民的贫困和资本主义的祸害。总之,作品对沙皇时期贵族资产阶级社会的虚伪、资本主义的剥削、政府机关的暴虐和官办教会的伪善都进行了激烈的批判。

  作品的心理描写非常杰出,作家善于深入人物的内心抓住思想情感的每一个细微的变化,来追索人物思绪的波动,展示人物从一种思想感情向另一种思想感情剧变的跳跃性。如所选上部第二十八章中写涅赫柳多夫

赏析

如何打扫他的灵魂,精神的人在他身上如何一步步地觉醒:他开始认识到自己的污秽,承认自己卑鄙的心情,随即下决心不管付出什么样的代价也要冲破束缚着他的虚伪,清除心中的一切污垢,最后因为这种善念而感到灵魂都起了变化,周围的污浊都被新鲜的空气代替。在此情感主流不断推进的同时,作者意识到情感世界的无序性,充分展示了主人公的内心挣扎的情感回旋,特别是"诱惑者的声音"经典地展现出了人物内心世界的情感起伏和内心丰盈的生命意识流。正是这种内心搏斗,使得人物的生命冲动迸射出动人的光辉。这种心理的流动过程,在技术上已经被托尔斯泰运用得炉火纯青。

　　作者以朴素的笔触,描写男女主人公遭遇的种种事件和思想流程,对所揭示的事件直接进行评论,语言有时难免带有道德说教的成分。但是精彩的内心图解和大量讽刺笔法的运用又使作品充满强烈的力量和巨大的魅力。如在描写法院断案时,讽刺冠冕堂皇的法官们的臭不可闻的私生活和内心的肮脏愚蠢,就令人拍案叫绝。托尔斯泰始终坚信人性本善,他在探寻社会出路的时候,寄希望于人的道德的自我完善、不以暴力抗恶,在人人自爱相爱的基础上建立一个理想的社会。所以在结局处让涅赫柳多夫与他所属的阶级分离,投入宗教道德的怀抱。可是对这副"救世良方",作者恐怕也不是一点怀疑都没有的,于是他在全书结尾处写道:"至于他一生当中的这个新阶段会怎样结束,那却是未来的事了。"

(范天妮)

戏剧

黑暗的势力

| 作品提要 |

富农彼得出场时四十多岁,死了妻子,前妻给他留下了个十六岁的有点傻的女儿阿库里娜。后来彼得续了弦。他的年轻漂亮的妻子阿妮西娅给他生了女儿阿妞特卡。彼得体弱多病。阿妮西娅生性风流,又不安分,与家里的长工尼吉塔有染。尼吉塔抛弃了深爱他的穷姑娘玛莉娜。尼吉塔的母亲玛特列娜鼓动阿妮西娅毒死了彼得。尼吉塔娶了阿妮西娅,成了一家之主。但他又与阿库里娜鬼混。阿库里娜的亲家翁来相亲,可阿库里娜却始终不露面,亲家翁怏怏不乐地走了。当天夜里阿库里娜在家里的粮仓产下了一个婴儿。尼吉塔想把婴儿送到育婴堂去,可是阿妮西娅和玛特列娜怕丑事败露,不准送走,要他自己做事自己当。她们逼着他在地窖里挖坑,用木板盖着婴儿,让他坐在木板上压死了婴儿,埋进坑里。阿库里娜出嫁的日子,乡亲们都来喝喜酒,大家等尼吉塔去给阿库里娜祝福,他迟迟不去。最后他出现了,向所有的人忏悔自己的罪行,说是自己伤害了玛莉娜、阿库里娜,毒死了彼得。尼吉塔的父亲阿吉姆对儿子敢于忏悔非常满意,说上帝会怜悯他。村长和警察下令将尼吉塔抓了起来。

| 作品选录 |

第四幕
第十二场

前场人物和阿妮西娅

阿妮西娅 (从门里)怎么样,他挖了没有?

玛特列娜　你跑出来干什么？把它搁在哪儿了？

阿妮西娅　用粗布盖上了。声音听不见了。他怎么样，挖了没有？

玛特列娜　他不干。

阿妮西娅　（狂暴地跳出来）不干！难道他想到监狱里去喂虱子吗？！那我马上就去把什么话都跟警察说了。要完一块儿完。我马上就去都说了。

尼吉塔　（惊慌失措）说什么？

阿妮西娅　说什么？什么都说！钱是谁拿了？你！（尼吉塔沉默。）毒药是谁下的？是我下的！可是你知道，知道，知道！我跟你是同谋共犯！

玛特列娜　好了，好了。米吉图士卡，为什么你要这么死心眼儿？唔，有什么法子呢？必须辛苦一下。宝贝儿，去吧。

阿妮西娅　哼，多高尚啊！不肯干！你欺侮我也欺侮得够了。你一直都骑着我走，可是这回该轮到我了。我跟你说，去，要不然，我说得出就做得出！……喏，铁锹拿去！去吧！

尼吉塔　真是的，有什么可啰嗦的呢？（拿着铁锹，可是犹疑不决）我不愿干——就不去。

阿妮西娅　不去吗？（喊起来）街坊们！喂，喂！

玛特列娜　（捂住她的嘴）你怎么啦！疯了吗？他会去的……好儿子，去吧，亲儿子，去吧。

阿妮西娅　我这就喊救命了。

尼吉塔　得了吧！唉，有这种人！你们快点好吗。反正一样。（向地窖走去）

玛特列娜　对啦，宝贝儿，事情就是这样：会寻欢作乐，就会消声灭迹。

阿妮西娅　（还是激动）他跟他那个臭婊子作践我，可真够了！现在不

原文

光是我自个儿了。让他也做个杀人犯。尝尝这个滋味儿。

玛特列娜 好了,好了,真急了。少奶奶,你别生气吧。最好是冷静点儿,宽心点儿。到姑娘那儿去。他会干的。

打着灯笼跟着尼吉塔。他爬到地窖里去。

阿妮西娅 我要叫他勒死他那可恶的小杂种。(还是激动)想起彼得的骨头,我一个人简直苦恼透了。让他也知道知道。我不姑息自己;我说了我不姑息自己。

尼吉塔 (从地窖里)拿灯照照,好不好!

玛特列娜 (举灯照着;对阿妮西娅)在挖哪。拿去吧。

阿妮西娅 你看着他。不然,他会跑掉的,这个无赖。我去拿去。

玛特列娜 记住,别忘了给那东西受洗。要不然我去办。有十字架没有?

阿妮西娅 找去,我会办。(退场)

第十三场

玛特列娜(一个人)和尼吉塔(在地窖里)

玛特列娜 这个女人的话多刻毒啊。可也难怪她发脾气。嗳,谢天谢地,这件事就可以掩盖过去了,罪迹也都消灭了。姑娘可以毫不费事地打发出去。只剩下我儿子安安乐乐地过日子。家里呢,谢天谢地,又挺富裕。他们也忘不了我。要是没我玛特列娜,他们会怎么样呢?那他们就什么主意也想不出来。(对着地窖)孩子呀,好了没有?

尼吉塔 (爬上来;光看得见头)你在那儿干什么?快抱来,好不好?干吗那么磨蹭?要干就干。

第十四场

前场人物和阿妮西娅。玛特列娜向过道走去,和阿妮西娅相遇。阿妮西娅登场,抱着用破布裹住的婴儿。

玛特列娜　喂,施了洗礼没有?

阿妮西娅　不施怎么行?我好容易才夺过来了,——她不肯给。(走过去递给尼吉塔)

尼吉塔　(不接)你自己抱去。

阿妮西娅　喂,拿去。(把婴儿扔给他)

尼吉塔　(接着)活的!亲妈,还动呢!活的!我把它怎么办……

阿妮西娅　(从他手里把婴儿夺过去,往地窖里一扔)快闷死它,那它就活不了啦。(推尼吉塔下去)自己的事,自己了。

玛特列娜　(在台阶上坐下)他心软。可怜的孩子,他下不了手。可是,有什么法子呢!这也是他自作孽。(阿妮西娅站在地窖上。玛特列娜坐在台阶上,一面望着她,一面说。)哎—哟—哟,他吓成那个样子!可是,有什么法子呢?就是下不了手,除此,又能怎么办?往哪儿搁呢?想想看,还常常有人求孩子!可是,瞧,老天爷偏不给,老让他们生死孩子。现在,牧师娘子就是这样。这儿呢,不想要孩子,却生下个活的来。(朝地窖张望)准是干完了。(对阿妮西娅)怎么样?

阿妮西娅　(注视着地窖)盖着块板子,他坐在板子上。准是干完了。

玛特列娜　唉,唉!谁也不愿意犯罪,可是有什么法子呢?

尼吉塔　(爬出来,浑身发抖)还活着呢!不行!活着呢!

阿妮西娅　要是活着,那么你上哪儿去?(想拦住他)

尼吉塔　(向她扑过去)你滚!我宰了你!(抓住她的胳膊,她挣脱开

原文

了;他拿着铁锹追她。玛特列娜迎面冲到他跟前,拦住他。阿妮西娅跑上台阶。玛特列娜想夺下铁锹。尼吉塔对母亲)宰,我也要宰了你,滚!(玛特列娜向站在台阶上的阿妮西娅跑去。尼吉塔站住。)宰,把你们都给宰了!

玛特列娜 这是因为他吓坏了。不要紧,一会儿就好了!

尼吉塔 她们这是干什么?她们叫我干的是什么?它是怎样啼哭的啊……它在我脚底下是怎样嘎吱嘎吱地响着啊。她们叫我干的是什么!还活着呢,真活着呢!(不出声,听着)在哭……喏,在哭!(向地窖跑去)

玛特列娜 (对阿妮西娅)去了,大概要去埋去了。米吉塔,你还是拿灯笼去吧。

尼吉塔 (不理睬,在地窖旁边听着)听不见。瞎想。(走开又站住)那些小骨头在我脚底下是怎样嘎吱嘎吱地响着啊。嘎……嘎……她们叫我干的是什么?(又听)还在哭,真在哭。这是干什么呢?妈,喂,妈!(向她走去)

玛特列娜 乖儿子,怎么啦?

尼吉塔 我的亲妈,我再也不行了。什么也不行了。我的亲妈,您可怜可怜我吧!

玛特列娜 唉,心肝,你吓坏了。去,去。喝盅酒壮壮胆子。

尼吉塔 我的亲妈,大概我的劫数到了。你们叫我干的是什么?那些小骨头是怎样嘎吱嘎吱地响着啊,而且,它是怎样哭的啊!……我的亲妈,您叫我干的是什么!(走开,坐在雪橇上)

玛特列娜 亲儿子,去喝一杯吧。的确,晚上干这种事真是可怕。等天亮了,那么,你知道,过上一两天,这种事也就想不起来了。等到姑娘出了嫁,这种事也就想不起来了。你去喝一杯,喝一杯吧。我自已到地窖里去收拾就是了。

尼吉塔 （打起精神）那儿还有剩酒吗？我是不是喝得下去呢？！

他退场。一直站在过道里的阿妮西娅，默默地让开。

第十五场

玛特列娜和阿妮西娅

玛特列娜 去吧，去吧，宝贝儿，我去干；我自己爬下去埋去。他把铁锹扔到哪儿去了？（找到铁锹，下到地窖的半中间）阿妮西娅，到这儿来，拿灯照一照，好不好？

阿妮西娅 他怎么啦？

玛特列娜 吓坏了。你逼得他太厉害了。别理他，就会清醒过来的。随他去吧，我自个儿干去。把灯笼放在这儿，我就看得见了。

玛特列娜走进地窖里。

阿妮西娅 （对着尼吉塔由那儿进去的门说）怎么样，玩够了吗？你老是东招西惹的，现在，好，你自己知道这是什么滋味了。泄气了吧。

第十六场

前场人物。尼吉塔从过道里向地窖跳过去。

尼吉塔 妈，喂，妈！

玛特列娜 （从地窖里伸出头来）乖儿子，什么事？

尼吉塔 （倾听）别埋了，它还活着呢！难道您没听见吗？活着呢！听……在哭哪。听，声音清楚极了……

玛特列娜 怎么会哭呢？你已经把它压成肉饼了。整个脑袋都压碎了。

尼吉塔 这是什么？（掩耳）还在哭！我这辈子算毁了。毁了！她们叫

【原文】

我干的是什么?!我上哪儿去呢?（坐在台阶上）

第五幕
第二景

换景。第一幕的木房。挤满了人,有的坐在桌子对过,有的站着。在前边的犄角上,阿库里娜和新郎坐着。桌上摆着神像和面包。客人中有玛莉娜、她丈夫和警察。女人们唱着歌。阿妮西娅在倒酒。歌唱停了。

第一场

阿妮西娅、玛莉娜、她丈夫、阿库里娜、新郎、马夫、警察、媒婆、傧相、玛特列娜、客人们和人们

马夫 要走就得走了。教堂不近哪。

傧相 别忙,后父要来祝福的。可是他上哪儿去了?

阿妮西娅 来了,马上就来了。诸位,再喝一杯,别见怪。

媒婆 干吗这么慢呢?我们等得工夫不小了。

阿妮西娅 来了,马上就来了。说话就来了。诸位,请吧。（敬酒）马上就来了。美人们,现在请再唱个歌吧。

马夫 等这么半天,所有的歌都唱过了。

女人们唱。唱到半中间,尼吉塔和阿吉姆登场。

第二场

前场人物、尼吉塔和阿吉姆

尼吉塔 （揪住阿吉姆的手,推他在头里走）去吧,爸爸;没您是不行的。

阿吉姆 我不喜欢,这就是说,这个……

尼吉塔 （对女人们）好了，别唱了。（环视屋子里所有的人）玛莉娜，你在这儿吗？

媒婆 去，捧起神像祝福吧。

尼吉塔 呆一会儿，别忙。（向四周看看）阿库里娜，你在这儿吗？

媒婆 你挨个儿叫人干什么？她不在这儿，在哪儿呢？真是个怪人……

阿妮西娅 我的天呀！他光着脚干什么！

尼吉塔 爸爸！您在这儿吗？瞧着我！诸位正教信徒，你们都在这儿！我也在这儿！我就是这种人！（跪下）

阿妮西娅 米吉图士卡，你怎么啦？哦，真要命！

媒婆 唉呀！

玛特列娜 我告诉你们：他喝法国酒喝多了。醒醒吧，你怎么啦？
想扶起他来。他不注意任何人，只朝前望着。

尼吉塔 诸位正教信徒！我犯了罪，想忏悔。

玛特列娜 （摇他的肩膀）你怎么啦，疯了吗？诸位，他的神志昏迷了。应该把他带走。

尼吉塔 （用肩膀推开她）不要管我！爸爸，您听我说。首先：玛莉恩卡：瞧这儿。（在她脚前跪下，起来）我对不起你，我答应了娶你，勾引了你，骗了你，丢了你，请你饶恕我吧！（又在她脚前跪下）

阿妮西娅 干吗这么胡说八道的？简直不成样子。又没人问你。你起来，胡闹什么呀？

玛特列娜 哎—哎哟，他中了邪了。这是怎么回事哪？他不行了。起来。干吗说这些废话？（拉他）

尼吉塔 （摇头）别碰我！玛莉娜，我对你犯了罪，饶恕我吧。请你饶恕我吧。

原文

玛莉娜用手捂着脸，沉默。

阿妮西娅　我说，起来吧，胡闹什么呀。忽然想起从前的事来了。别翻腾了。丢人！哦，要命！他真疯了。

尼吉塔　（推开妻子，转身对着阿库里娜）阿库里娜，现在我要跟你说了。诸位正教信徒，请听着！我是个万恶的罪人。阿库里娜！我对不起你。你父亲是横死的。他是被毒死的。

阿妮西娅　（急叫）要命！他怎么啦？

玛特列娜　这人疯了。你们把他带走吧。

人们走过去，想拉他走。

阿吉姆　（用手搪开）慢着！小伙子们，你们，这个这个，慢着，这就是说……

尼吉塔　阿库里娜，我毒死了他。请饶恕我吧！

阿库里娜　（跳起来）他胡说！我知道是谁。

媒婆　你干什么呀？你坐下吧。

阿吉姆　哦，主啊！罪孽，罪孽。

警察　把他押起来！叫村长和证人来。要写封公文。你起来，到这儿来。

阿吉姆　（对警察）您，这就是说，这个这个，带亮纽扣的，这个这个，这就是说，请等一等。让他，这个这个，把话说完，这就是说。

警察　（对阿吉姆）老头儿，你小心点，别打岔。我得写公文。

阿吉姆　你，这个这个，我说，请等一等。公文，这个这个，不用说。这是，这个这个，上帝的事……这就是说，有个人正在忏悔，而你呢，却这个这个公文……

警察　叫村长来！

阿吉姆　等上帝的事完了，这就是说，然后，这就是说，您就，这个这个，

原文

办公事,这就是说。

尼吉塔 还有,阿库里娜,我对你犯了大罪:我勾引了你。请你饶恕我吧!(在她脚前跪下)

阿库里娜 (离开桌子)让我走,我不嫁了。是他叫我嫁的,可是现在我不嫁了。

警察 把说过的话再说一遍。

尼吉塔 警察老爷,请等一等,让我说完。

阿吉姆 (狂喜地)说吧,孩子,全说出来,那就踏实了。对上帝忏悔,不要怕人。上帝,上帝!他在这儿!……

尼吉塔 我毒死了她父亲,我这狗,又毁了女儿。在我的逼迫之下,还弄死了她的孩子。

阿库里娜 这是真的,真的。

尼吉塔 我在地窖里用板子压死了她的婴儿。我坐在它上面……压……它那小骨头嘎吱嘎吱地直响。(哭)我把它埋在土里。我干的,我一个人干的!

阿库里娜 胡说。我叫他干的。

尼吉塔 别护着我。现在我谁也不怕了。诸位正教信徒,请饶恕我吧!

(跪在地下)

(沉默)

警察 把他捆起来。这场喜事取消了吧。

人们拿着腰带走过去。

尼吉塔 别忙,有的是工夫……(在父亲脚前跪下)亲爸爸,请您也饶恕我这个万恶的罪人吧!最初,当我干这种荒淫无耻的事情的时候,您就对我说:"一只爪子被网住了,整个鸟儿就算完了。"我这狗,没听您的话,结果,完全和您所说的一样。请您饶恕我吧!

原文

阿吉姆 （狂喜地）我的亲儿子,上帝会饶恕你的。（拥抱他）你没怜惜自己,他会怜惜你的。上帝,上帝！他在这儿！……

第三场

前场人物和村长

村长 （登场）这儿有很多证人。

警察 马上开始讯问。

尼吉塔受缚。

阿库里娜 （走过去,站在他旁边）我会说实话。也审问我吧。

尼吉塔 （被缚）用不着审问了。全是我一个人干的。主意是我出的,事情是我干的。任凭把我带到哪儿去吧。我再也没什么可说的了。

（芳　信　译）

赏析

过去的论者评《黑暗的势力》,或将它看成是对一桩谋杀案的艺术报道,或将它视为俄国农奴制解体后的现实的直接反映。他们的观点固然没有错。剧中确实包含了两次谋杀,第一次是地主彼得被杀。彼得的身体已经很虚弱了,与尼吉塔鬼混的阿妮西娅四处寻找他藏的钱,可是无论如何也找不到。彼得叫阿库里娜去叫姑姑玛尔法来。阿妮西娅知道,丈夫想把钱交给玛尔法,就设法阻止阿库里娜去。这时尼吉塔的母亲玛特列娜来了。她得知阿妮西娅没有找到彼得的钱之后,鼓动她毒死彼得。阿妮西娅开始还犹豫不决,在她的一再怂恿之下终于下了决心。她们给彼得喝了放了毒药的茶,阿妮西娅从他身上搜出了钱。玛特列娜让她把钱交给尼吉塔

赏析

藏起来。玛尔法赶到时,彼得已经命丧黄泉。第二次是尼吉塔在这两个女人的胁迫下压死了他和阿库里娜苟合而生的婴儿。但是过于拘泥于谋杀或外在事件的观众实际上是走入了盲区。如果这样来观剧、找看点,人已被遗忘,精神亦复阙失。因此我们要"向内"看,首先应该同情地理解托翁的意图,庶几不辜负他澄澈的灵府、博大的慈爱。

1886年列夫·托尔斯泰发表了剧本《黑暗的势力》,向公众做了一次真诚的灵魂告白。19世纪70年代末80年代初托尔斯泰历经了痛苦的精神探索,最后皈依了他自己顿悟到的"爱"的宗教。托尔斯泰在《艺术论》中曾说:"在自己的心里唤起曾经一度经历过的感情,在唤起这种感情之后,用动作、线条、色彩、声音,以及言词所表达的形象来传达出这种感情,使别人也能体验到这种感情,这就是艺术活动。"《黑暗的势力》正是要表达托尔斯泰自己所体验的刻骨铭心的情感。艺术家托尔斯泰的表达确实不同于神父布道,并不直言相告,而是以戏剧的形式,艺术地展示了主人公尼吉塔的痛苦的精神历程。在情感的真实上,在心理的真实上,而不是在传记的相似上,尼吉塔的精神历程与托尔斯泰本人的道德、伦理和神学心路几乎是平行的,也可以说,文学形象尼吉塔是对剧作家本人内心的模拟,剧作家则通过尼吉塔宣泄了内心的郁积。

在剧本中,尼吉塔多次大裂变,几度悲与喜,纵观全剧,他所经历的纯洁——被诱惑、堕落——犯罪——顿悟——忏悔的精神轨迹清晰可寻。尼吉塔世代务农,尽管戏剧在展示人物"传记"时有所掣肘,但在第五幕尼吉塔与玛莉娜重逢时,他真诚地说:"唉,玛莉鲁什卡,只有跟你在一块的时候,我才真正算过了生活。"在铁路上务工的他诚实劳作,与玛莉娜真诚相待,不失人之初的本分与纯洁。后来他到富农彼得家当长工,诱惑出现了,他成了女主人、有夫之妇阿妮西娅的情夫。一出场,他便打情骂俏、举止浮浪、行为不端。"黑暗"开始统治他了。应该说明的是,可以将本剧的名称(Власть тьмы)直译为"黑暗的统治"。这里的"黑暗"作为典故当出自于《约

赏析

翰福音》第一章:"生命在他里头,这生命就是人的光。光照在黑暗里,黑暗却不接受光。"即有一种与人的生命本源相对立的邪恶的力量开始支配尼吉塔,诱惑他一步步走向犯罪,走向毁灭。后来他虽然没有直接参与谋杀彼得,但他从阿妮西娅手中夺走了彼得的钱,这就成了他进一步犯罪的源头。他在彼得被谋杀、与阿妮西娅结婚之后,又与阿库里娜苟合,为了掩盖丑行,他终于在妻子和母亲的胁迫之下压碎了阿库里娜生下的婴儿的脑袋。但是托尔斯泰更看重的是尼吉塔的"复活":阿库里娜出嫁的日子,乡亲们都来喝喜酒,谢明也被邀请来了。谢明的妻子玛莉娜来找丈夫,遇到了躲在一边的尼吉塔,她告诉尼吉塔,她向谢明忏悔过了,老头子对她也很好。尼吉塔却说,他自己简直想上吊。大家等尼吉塔去给阿库里娜祝福,他迟迟不去。最后他出现了,向所有的人忏悔自己的罪行。可见在阿库里娜的婚礼上尼吉塔开始从罪恶的深渊里醒悟了:先是与玛莉娜的相遇似乎使他酣睡的良心开始复苏,因而他羞愧得想上吊自杀,终于他跪在众人面前忏悔了自己的罪过,甚至将他人的罪过全揽在自己身上。这是灵魂极幽微的震颤,良知最真诚的袒露,在世界文学史上大概只有《红与黑》和《罪与罚》可以与之媲美。前者有于连在法庭上慷慨陈辞,后者有拉斯科尔尼科夫在广场上亲吻大地。

托尔斯泰的精神历程与尼吉塔的上述精神轨迹确乎有几许相似。童年的作家曾在自己的庄园里同哥哥们玩"找绿杖"的游戏,找到绿杖,就可以知道全人类如何能得到幸福。可见他曾是沉浸在人类大同梦幻中的孩童。后来黑暗开始统治他,他一度放浪形骸,沉沦幻灭,引诱良家妇女,然后弃之不顾,沉溺赌场,输掉自己的庄园。终于,他走出了黑暗,将人生的沉沦升华为艺术创作,创作了传世的《战争与和平》等大作。但死的恐惧使他陷入了极度的精神痛苦,因找不到人生的价值几乎要上吊或开枪自杀。他经过漫长的探索,终于从农民的劳作生活中找到了内心的新的宁静。在1879年至1880年的两年间他陆续记录这一精神裂变,是为坦陈胸臆、直指

赏析

心性的《忏悔录》。在该书中他还记录了一次在教堂忏悔的经验(尽管他后来基本否定东正教会的各种繁文缛节):"我是这样高兴,躬身伫立,谦卑地站在神父面前,从我的灵魂里把肮脏一扫而空,供述了我的罪状;我是这样开心,把我的思想沉入了那些早期写祈祷词的神父的谦卑之中;我是这样喜悦地觉得我跟以前和现在的信徒结合起来了。"他自己体验过的忏悔的愉悦,未必没有在尼吉塔最后的自白中得到淋漓畅快的再现。

托尔斯泰的人生经历和《黑暗的势力》都表明,沉沦不足畏惧,甚至犯罪也不足畏惧,只要幡然醒悟就得救了。因此在《黑暗的势力》的第五幕第二景第二场里,在尼吉塔的忏悔中,光明照进了黑暗,道德正趋向于自我完善。

尼吉塔的精神觉醒固然为黑暗王国透进了一线光明,但其母亲玛特列娜则让黑暗的势力笼罩了自己,更染黑了每一个剧中人。玛特列娜炮制和推动着一桩桩罪行,又振振有词地自我辩护:人们都在干一些见不得人的事情,否则就无法活下去。她对阿妮西娅说:"或是你把垂死的彼得的钱抢走,或是彼得的亲戚这么干,他们会把你像癞皮狗似的从家里赶出去。"她给儿子尼吉塔出主意:你要想当家的话,就得把阿妮西娅当枪使,可以有现成的钱过舒服的日子,你得帮忙把彼得的钱夺过来,你不这样干也会有人这样干。《黑暗的势力》问世后,俄国评论界很快就对玛特列娜作出了形象的描述,说她是怪物、恶棍,是图拉省农村里的麦克白夫人,是穿裙子的梅菲斯特。托尔斯泰不同意这样的简单比附,他说:"不能像很多人所想的那样,把玛特列娜演成一个凶恶如麦克白夫人那样的人。她是一个普通的老太婆,有头脑,也是为了自己的儿子好。她的作为不是性格特别恶劣的结果,只是她的人生观的反映。"确实,玛特列娜暴露了某种人生观:与其让他人占便宜,不如让我占。这深刻地揭示了犯罪心理:杀人越货或贪赃枉法之前的自我辩护是犯罪的最有力的推动因素,多少清白之人就这样失足为作奸犯科之徒。玛特列娜的幽灵逾越了俄国,逾越了19世纪。

| 原文 |

　　《黑暗的势力》的艺术感染力非常强烈,第四幕,尤其是尼吉塔被迫杀婴的那一场,风高夜黑,阴森瘆人,舞台上只有如豆灯光,似乎风吹即灭,后台传来挖坑的声音、婴孩的惨啼。邪恶者玛特列娜和阿妮西娅不断施加压力;浑浑噩噩者尼吉塔已然半疯半傻,鬼使神差犯下滔天大罪;善良的米特利奇自顾自讲着妖魔鬼怪的故事,徒然地想把后台的惨叫和"狼嚎"掩盖住;天真的阿妞特卡的幼小心灵受到极大的伤害。活脱脱一幅人间地狱的惨境。苏联时代的戏剧大师丹钦柯说:《黑暗的势力》"给我们的震人的印象,是不可能忘掉的"。

　　从社会历史批评的角度看,本剧中,托尔斯泰在不自觉的状态中揭示了 19 世纪 70—80 年代俄罗斯农村的大分化、大组合:农民破产,被迫进城,资本主义侵入,道德沦丧,法制松弛,展开了转型期俄国农村的全景画。女权主义批评家不必借用波伏娃的法眼,就可以在本剧中找到许多可以大加攻击的靶子,因为其中似乎暗含着女人是造成剧中一幕幕惨状的根本原因。

(刘亚丁)

教育的果实

| 作品提要 |

　　贵族列奥尼德·费多络维奇·兹委兹金车夫在莫斯科的府邸宾客盈门,首先来访的是前任副部长沙哈托夫,接着别的客人接踵而至,他们最感兴趣的话题是降神术。还来了三个库尔斯克省的农民,他们是来找老爷谈买地的事的。使女塔妮雅听说家乡来了乡亲,就去看他们。兹委兹金车夫

| 原文 |

去年曾同意农民以分期付款的方式买地,今年农民来交首付款,他却变卦了。在他犹豫不决的时候,塔妮雅利用老爷笃信降神术的弱点,决定为农民办件好事。她说自己的未婚夫、男仆谢明有通神的力量。老爷就让谢明临时充当降神的灵媒。由于塔妮雅暗中帮助,降神中谢明将农民的地契抛了出来,兹委兹金车夫在稀里糊涂中在地契上签了字。农民们付了首付款。塔妮雅和谢明告别了贵族府邸,跟着农民回乡下,准备结婚去了。

| 作品选录 |

第一幕
第二十四场

前场人物,没有塔妮雅。

列奥尼德·费多洛维奇 (走近庄稼人们,他们鞠躬,献上礼物)这不必!

第一个庄稼人 (微笑)这是头一件大事。村公所也这么对我们说。

第二个庄稼人 这是老规矩。

第三个庄稼人 别说了!因为我们真是高兴极了……好比说,就跟我们的老子,好比说,伺候您老太爷那样,我们也从心眼儿里想这么干,并不是……(鞠躬)

列奥尼德·费多洛维奇 可是,你们是什么人?到底有什么事?

第一个庄稼人 就是说,来拜望拜望您。

第二十五场

前场人物。彼特里锡夫穿着背上打褶的大衣迅速地跑上。

彼特里锡夫 瓦西里·列奥尼狄奇醒了吗?

> 原文

看见列奥尼德·费多洛维奇,对他点一点头。

列奥尼德·费多洛维奇　你是来看我儿子吗?

彼特里锡夫　我吗?对啦,我想看看佛佛。

列奥尼德·费多洛维奇　进去吧,进去吧。

彼特里锡夫脱掉大衣,很快地走去。

第二十六场

前场人物,没有彼特里锡夫。

列奥尼德·费多洛维奇　(对庄稼人们)唔。那么,你们有什么事呢?

第二个庄稼人　请您把礼物收下吧。

第一个庄稼人　(微笑)这就是说,一点儿土产。

第三个庄稼人　别客气了,——这算得了什么!我们想念您,就跟想念我们的亲爹一样。别客气了。

列奥尼德·费多洛维奇　唔,好吧……费多尔,收下吧。

费多尔·伊凡尼奇　喂,给我吧。(接下礼物)

列奥尼德·费多洛维奇　那么有什么事呢?

第一个庄稼人　我们来拜望拜望您。

列奥尼德·费多洛维奇　我知道你们是来看我的;可是你们有什么事呢?

第一个庄稼人　把卖地的手续办办清楚。事情是这样的……

列奥尼德·费多洛维奇　嗯,你们要买地吗?

第一个庄稼人　对的,一点儿不错。事情是这样的……这就是说,把地买归我们名下所有。所以村公所,比方说,就答应了我们,这就是说,照应有的手续,通过帝国银行,贴上规定数目的印花。

列奥尼德·费多洛维奇　这意思是说,你们想通过银行买地,——是不

原文

是这样?

第一个庄稼人 一点也不错,就跟去年夏天您对我们提出的那样。事情是这样的,这就是说,地价的总数是三万二千八百六十四卢布,地就归我们名下所有。

列奥尼德·费多洛维奇 好吧,可是款子怎么付呢?

第一个庄稼人 款子嘛,村公所提出过,就跟去年夏天所说的那样,分期付;这就是说,照规定,您先收四千卢布现款。

第二个庄稼人 现在您收四千卢布现款,这就是说,其余的呢,就请您等着。

第三个庄稼人 (就在这时候把钱打开)您请放心;我们担保,决不随随便便办。不,我是说,怎么也得办;不,我是说,这个这个……该怎么办就怎么办。

列奥尼德·费多洛维奇 可是,我给你们的信上说,只有在这种条件下,就是说,要是你们能够把钱全部付清的话,我才同意。

第一个庄稼人 对的,这是挺爽快的,不过,这是办不到的,这就是说。

列奥尼德·费多洛维奇 那么,怎么办呢?

第一个庄稼人 村公所,比方说,就希望,照您去年夏天所提的延期付款的办法那么办……

列奥尼德·费多洛维奇 这是去年的事,那时候我同意,可是现在不行……

第二个庄稼人 这是怎么回事?您答应了,所以我们才拟好了契约,筹妥了钱的。

第三个庄稼人 大老爷,慈悲慈悲吧。我们的地真是太少了,别说牲口,——就说母鸡呗,也没地方养。(鞠躬)大老爷,别作孽吧!(鞠躬)

原文

列奥尼德·费多洛维奇 去年我同意延期付款,我承认这是真的,可是现在情形变了……所以现在这对我是不妥当的。

第二个庄稼人 没有这块地,我们就活不下去。

第一个庄稼人 对的,没有地,我们的日子就没法过,就完了。

第三个庄稼人 (鞠躬)大老爷!地真是太少了,——别说牲口,就说母鸡呗,也没地方养。大老爷!慈悲慈悲吧。收下钱吧,大老爷。

列奥尼德·费多洛维奇 (这时候翻阅契约)我明白,我本人也想照顾照顾你们。你们等着吧。我过半点钟给你们答复。费多尔,你就说我不见客。

费多尔·伊凡尼奇 好。

列奥尼德·费多洛维奇退场。

第二幕
第五场

前场人物,没有费多尔·伊凡尼奇。费多尔·伊凡尼奇一走,火炕上就传出呻吟声。

第二个庄稼人 他胖乎乎的,就跟将军似的。

女厨子 可不是吗!他有自己的屋子;他洗脸的东西都是老爷的,茶呀,糖呀——也都是老爷的,饭菜也是老爷桌上的。

老厨子 这老家伙怎么会不舒服,——他偷!

第二个庄稼人 在火炕上的这个人是谁?

女厨子 哦,是个用人。

沉默。

第一个庄稼人 嗳,我刚才瞧见您吃晚饭来着;您也是个大财主啊。

女厨子 这可不能抱怨。她在这方面并不小气。礼拜天有白面包,逢斋有鱼,有想吃肉的,还可以吃肉。

第二个庄稼人 难道有人开斋吗?

女厨子 嗳,差不多都这样。吃斋的只有马车夫(不是刚才来的那个,是个上了年纪的)、谢明、我和女管家;此外的都拼命吃肉。

第二个庄稼人 那么,他自己呢?

女厨子 哟,得了吧!他连吃斋是怎么回事都忘了。

第三个庄稼人 哦,天哪!

第一个庄稼人 绅士老爷们就这样儿,都念书念通了。故此聪明着哪!

第三个庄稼人 大概他们天天吃的都是粗面包吧?

女厨子 哦,粗面包!他们从来不曾见过你们那种粗面包!你们应该瞧瞧他们吃的东西:管什么——什么都有!

第一个庄稼人 绅士老爷们吃东西,当然,是吃不多的。

女厨子 吃不多,吃不多,——哼,可能吃着哪。

第一个庄稼人 胃口好,这就是说。

女厨子 因为他们老喝酒。各种甜酒呀、白酒呀、起泡沫的酒呀。一道菜——一种酒。吃了又喝,吃了又喝的。

第一个庄稼人 这就是说,菜是跟酒配好了下肚的。

女厨子 是呀,真能吃——厉害着哪!你知道,他们不是坐下来,吃,划十字,然后起来,而是吃个没完。

第二个庄稼人 像猪把蹄子伸到槽子里似的。

庄稼人笑。

女厨子 只要一睁开眼,天哪,马上就是茶炊呀、茶呀、咖啡呀、苏克力呀。只要两个茶炊一光,第三个就摆上了。然后早饭,然后午饭,然后又是咖啡。只要一填饱了,马上又是茶。然后吃零食:糖果呀、薄荷糕呀——就没个完。就是躺在床上——还得吃。

一
原文
一

第三个庄稼人　太好了。(哈哈大笑)

第一个和第二个庄稼人　你怎么啦?

第三个庄稼人　我只要能这么过上一天也好!

第二个庄稼人　那么,什么时候干活儿呢?

女厨子　他们干什么活儿?打牌呀、弹琴呀——这就是他们的活儿。小姐嘛,老是一睁开眼,马上就奔到钢琴跟前,弹起琴来!而那位住在这儿的老师呢,就老站着,等着:钢琴是不是很快就会空下来呢;这个一完,那个就上。有时候还有两架钢琴,两个人用一架,四个人一齐乱弹一气,弹得呀,唉呀,连这儿都听得见。

第三个庄稼人　哦,天哪!

女厨子　唔,这就是他们的活儿:弹琴,要不然,就是打牌。只要一见面,马上就是牌呀、酒呀、烟呀——这么整整折腾一晚上。只要一起床——又是吃!

(芳　信　译)

| 赏　析 |

　　置诸托尔斯泰的精神探索历程来考察,《教育的果实》这出戏剧的意义才能显豁。托尔斯泰一生都在进行一种探索,即为自己的贵族阶级探索出路。他越了解自己的阶级,对这个阶级的罪孽越发清醒,就越具有批判精神。用俄罗斯侨民哲学家别尔佳耶夫的话说:"托尔斯泰产生了一种俄罗斯的统治阶层自己有罪的思想。这首先是贵族式的忏悔。"从他早期的作品《童年》和《一个地主的早晨》开始,这种忏悔精神就已初露端倪。后来这种为贵族阶级的忏悔逐步演变为对贵族阶级的批判,这与他的精神探索的转折大有关联。19世纪70年代末至80年代初,托尔斯泰经历了由死的恐

赏析

惧而感受生的危机的痛苦心路历程,他焦虑地探索生存的意义,他的顿悟居然这样简单清晰:那些口口声声宣扬有信仰的贵族,原来极其虚伪,极端空虚,而埋头劳作的农民和其他贫苦者却过着健康充实而有信仰的生活。在1881年完成的《忏悔录》中他写道:"我们圈子里信教的人的全部生活是与他们的宗教相矛盾的,而信教的人和劳动者的全部生活是对宗教知识所赋予的生活意义的肯定……创作生活的劳动人民的行动在我看来是唯一真正的事业。"于是他就身体力行,力图抛弃贵族的生活方式,过劳动者的生活。他开始在日常生活中逐步实行平民化,穿农民式的宽短衫、树皮鞋,吃素,干农民的体力活。因此1885年托尔斯泰开始创作《教育的果实》的时候,处于他的舞台中心的就是两类人物:作为肉食者的贵族和农民及农民出身的仆人,托尔斯泰把嘲笑和批判的锋芒指向前一类人物,却把同情寄予后一类人物。托尔斯泰没有学习后来盛行的阶级分析和社会历史学方法,但他在《教育的果实》中却旗帜鲜明地站在农民一边,强烈抨击和指斥了贵族阶级,这恰恰是对庸俗社会学的文学批评方法的极大的嘲笑。

列·托尔斯泰的《教育的果实》是一个舞台两重天。剧作以农民和贵族老爷之间围绕土地买卖而发生的冲突为核心事件,以降神术的表演为喜剧性转折的峰顶,两种人物,两种利益,两种命运,在小小舞台上有声有色地搬演开来。

强烈的戏剧性对比,是《教育的果实》最引人注目的看点,舞台上一边是骄奢淫逸的贵族老爷和他的高贵的客人,一边是一无所有的农民和仆人。列奥尼德·兹委兹金车夫,退役近卫军中尉,在各省共拥有二万四千俄亩土地。此人百无聊赖,无所事事,乐于哗众取宠,终日醉心于降神术,所以邀约了一大帮肉食者在家里呼"神"唤"鬼"。他妻子安娜·巴夫洛芙娜呢,一心沉溺于自己的健康和容颜。与他们相对比的是成群的男女仆人和从库尔斯克省来的买土地的农民,他们既为自己的生计而奔波劳碌,又保持着自己做人的尊严(除男仆格里戈利而外)。剧本的安排是颇具匠心

赏析

的,兹委兹金车夫和"老爷们"一共有十五个人,仆人和庄稼人也是十五个人,分庭抗礼,各有所长。剧本除了总体上的对比而外,在细部上也是按照对立原则来布局的——三个从库尔斯克省来的买地的庄稼人对应着三个上等人中的年轻人。在农民们为土地和生计操碎心的时候,上等人中的年轻人则为自行车总会、跑马总会、猎狗饲育总会之类的无聊玩意儿消磨时光,抛洒生命。第二幕围绕土地问题的戏剧性情节基本停滞,托尔斯泰特意将肉食者和劳动者这两种人物的两种生活方式进行了对比。从库尔斯克来的三位农民被仆人们请到了厨房内的下房里,仆人们开始对老爷们议论纷纷:只要一睁眼,马上就喝茶,然后早饭,然后午饭,然后又是咖啡,只要一填饱了马上又是茶。然后吃零食:糖呀,薄荷糕呀——就是没个完。就是躺在床上还得吃。他们所干的事情就是:打牌、喝酒、抽烟、弹钢琴,一干就是通宵。这种生活是农民和正直的仆人所厌恶的,所以老仆人费多尔·伊凡尼奇对三个庄稼人说:"我很清楚你们农民的生活。告诉你们说吧,我自己老想在什么地方买小块地,盖一所小房子,像农民似地过活。"这,几乎就是托尔斯泰的夫子自道:鄙弃腐朽糜烂的贵族生活,过农民的健康生活。

在这种对立的格局中,《教育的果实》展开了土地买卖的核心事件:三个农民从遥远的库尔斯克省来到京城兹委兹金车夫老爷家,想从他手里买到土地,根据兹委兹金车夫去年同意的延期付款的方案,他们带来了首付款四千卢布。可是兹委兹金车夫却变卦了,要求一次性全额付款。在这里托尔斯泰突出了俄国农民对土地的高度需要,土地就是他们赖以活命的命根子。第二个庄稼人沙哈尔·特里霍尼奇说:"地这么少,怎么活呢?我从今年圣诞节起就籴粮食,燕麦秸也快光了。"这句台词里包含着何等的悲辛!从秋收到俄历一月的圣诞节粮食就吃完了,以后就得买粮度日,他们家的日子该怎么过,就不难想象了。第三个庄稼人反复申说:"大老爷!地真是太少了,——别说牲口,就说母鸡呗,也没地方养。"1861年沙皇政府宣

赏析

布实行自上而下的农奴制改革,农民要获得土地就必须付土地赎金。1861年改革是对农民的又一次掠夺。因为农民赎买份地的赎金,比当时的地价还高,农民取得的份地,按当时的市价,总值约6.5亿卢布,而需付出的赎金却高达9亿卢布,他们后来实际付出的总共不下20亿卢布。正如列宁所说的"当农民获得'自由'的时候,已经被剥夺得一干二净"。不买土地会饿死,买土地会穷死。这就是农民的悲惨境地。在这里农民们选择了买土地这种迫不得已的方式,而为了不穷死,就只好先付首付款。如何让贵族老爷兹委兹金车夫收下这笔首付赎金,成了《教育的果实》戏剧冲突的中心。

  托尔斯泰将《教育的果实》的体裁确定为喜剧,喜剧性的内在依据是托尔斯泰对社会关系的深刻洞悉:卑贱者聪明,高贵者愚蠢。托尔斯泰成功地将肉食者与劳动者的对立以曲折的戏剧冲突的形式表达了出来。"良好的教育"的果实之一是富豪兹委兹金车夫和他的高贵的客人们热衷于降神术。托尔斯泰不厌其烦地渲染了兹委兹金车夫的无所事事,无所用心。他成天迷恋于降神术,将自己的家变成了降神会。他对想买地的农民残酷无情,毫无信誉地取消了自己的承诺。正在农民们一筹莫展、濒临绝望之际,胆大心细、敢作敢为的女仆塔妮雅计上心来,她接过地契,让农民们不要着急,说她自有计较。这里埋下了伏笔:观众对她的招数不明就里,一定会想:她丫鬟一个,人微言轻,有什么办法?于是好奇心激起强烈的观剧期待。只见她向主人兹委兹金车夫声称男仆谢明通灵,多次显现出特殊的本领,在睡觉时桌子会动,吃饭时勺子会自动跳到他嘴边等等。兹委兹金车夫听了满心欢喜,认为谢明是可以充当灵媒的人。于是当天晚上,他就在家里让谢明当灵媒,聚众降神。塔妮雅教谢明在"降神"中如何行事,糊弄兹委兹金车夫,以达到让他给农民签地契的目的。至此观众成了明眼人,而只有兹委兹金车夫等肉食者被蒙在鼓里。当晚,谢明坐定当中,肉食者环绕而坐,塔妮雅早就藏在了长沙发底下,灯灭了,"降神"开始了。塔妮雅

| 原文 |

准备好的火柴发出的光,被肉食者们当作君士坦丁堡时代僧侣的灵魂来访,产生了十分神秘的效果。在黑暗中塔妮雅将地契、墨水瓶和笔扔在桌子上,谢明抱着近旁的肉食者使劲掐脖子,塔妮雅在暗中用六弦琴猛敲兹委兹金车夫的脑袋,兹委兹金车夫听从"神意",在地契上签了字。就这样卑贱者把高贵者彻彻底底、痛痛快快戏弄了一番。农民们终于遂了心愿。

在这个喜剧性的冲突中还有两点值得注意。其一,从塔妮雅这个卑贱的聪明者身上,可以依稀看出莫里哀写的机智的仆人的影子,如《伪君子》中的丫鬟桃丽娜。第二,降神术是托尔斯泰对当时流行于俄国上流社会中的迷信的真实写照,初稿中甚至用了热衷于降神术的贵族和学者的真实姓名。托尔斯泰通过描写这些荒唐的行为暴露了贵族阶级精神的衰退和智力的低下。

(刘亚丁)

头一个造酒的

| 作品提要 |

一个庄稼人在耕地,歇马时发现自己的面包不见了,但他并没有骂娘。原来是小鬼偷了面包,指望他骂娘,小鬼就得逞了。小鬼回去向魔王说了这事,魔王很生气,让小鬼三年里必须胜过这庄稼人。小鬼化身为这庄稼人的雇工。头一年,他让庄稼人把麦子种在湿地,这年干旱,麦子获得大丰收。第二年他让庄稼人把麦子种在坡地上,这年水涝,麦子又获得了大丰收。于是小鬼就鼓动庄稼人造酒。这样一来,一喝酒庄稼人和他的邻居都乱了性。小鬼就让魔王去看,果然喝酒后人都不成样子了。魔王夸奖小鬼

原文

干得漂亮,高兴地说,人都成了我们的啦。

| 作品选录 |

第五幕

茅屋内部。只有雇工一个人,角和蹄子露在外头。

雇工 成堆成堆的谷子。多到屋子都装不下,现在他可尝着味儿啦。我们又造酒来的,我们装了一桶,拿它藏啦。我们请人喝呀也不白请,不过,我们要人做点儿吗的了,我们这才请他!所以,今天我叫他请村子老辈喝酒,帮他和他爷爷把家产分了,样样儿都给他,没一样儿给老头子!我的三年限期今天到啦,我的工作也正好完啦。头目要亲自来看,就来看罢。看好了,我没什么好害臊的。

头目从地下出来。

头目 限满啦!你偷面包那桩傻事,有没有抵消?我先前告诉你我要亲自来看的。你拿庄稼人制住了没有?

雇工 拿他完完全全制服啦!您自己看好了。有几个庄稼人这就到这儿聚会。藏到灶里头,看看他们搞些子什么。您一定会心满意足的!

头目 (爬进灶去)我们看罢!

进来庄稼人和四位老辈。女人跟在后头。男人们围着桌子坐下。女人铺桌布,往桌子上端牛脚筋和点心。老辈们和雇工互相问候。

第一位老辈 好,你们又做了许多酒吗?

雇工 是呀,我们要多少,就造多少。值钱的东西怎么好糟蹋呢?

第二位老辈 成功了没?

雇工 比头一回的还要好。

原文

第二位老辈 可是你打哪儿学会造这个的?

雇工 走的地方多了,人就知道的也多了!

第三位老辈 是呀,是呀,你这人什么也知道。

女人送上酒和杯子。

庄稼人 尝一口罢!

女人拿起酒壶斟酒。

女人 赏我们脸!

第一位老辈 (喝着)祝你们身子好!啊,真叫好。在骨节儿里头就跑个不停。这呀,我才叫做正当饮料!

另外三位老辈同样举杯。头目爬出灶来。雇工过去站在他旁边。

雇工 (向头目)看罢,新鲜花样儿要来啦!我拿脚把女人绊一下子,她拿酒洒了。从前他丢了他末一块面包也不心疼,可是现在看罢,一杯酒他就气成了什么样子!

庄稼人 喽,女人,把酒,挨着位子递过来——先给我们这位朋友,再给米哈伊老爹。

女人斟了一杯酒,顺着桌子走。雇工绊了她一下子;她站不稳,洒了酒。

女人 好天爷,我拿酒洒啦!人家走得好好儿的,你做什么过来,没长眼睛?

庄稼人 (向女人)看她这个笨畜生!手指头全成了木头,她还要骂别人!看她拿多好的东西洒了一地!

女人 我不是成心做的。

庄稼人 成心!等我站起来教教你,拿酒洒在地上。(向雇工)还有你,你这个蠢蛋,你兜着桌子蹦跳个什么?滚到魔鬼那儿去!

女人又斟好酒送。

原文

雇工 （回到灶边头目跟前）您看见了罢？从前他剩下来一块面包，我偷了他也不气，现在为了一杯酒，他几乎揍他女人，把我发遣给您——魔鬼！

头目 好，很好！我满意啦。

雇工 您等等。看他们喝空了瓶子——出点子什么花样儿。就是眼前，他们彼此说起话来，甜兮兮的，光溜溜的，马上他们就要臭巴结——像狐狸一样狡猾。

庄稼人 好，老哥儿们，你们对我那档子事是怎么个意思？我爷爷一直跟我住在一起，我一直喂着他，喂着他，现下哪，他去跟我叔叔住啦，要拿他那一份儿家产送给叔叔！想想看；你们都是圣贤。没你们呀，就跟没我们自家的脑壳一样，我们真还不成。全村子甭想有一个人比得过你们。就拿你来说罢，伊万·费道提奇——不是人人都在说，你是人中之人？就我来说，我喜欢你呀，比我自己的爹妈还厉害。说到米哈伊·司铁潘尼奇，老早就是朋友啦。

第一位老辈 （向庄稼人）跟好人说话有好处的。这是变聪明的好法子。跟你就是这样子。就没人可以跟你比。

第二位老辈 聪明，殷勤——我就喜欢你这个。

第三位老辈 我顶同情你啦。我就找不出话来表白。我今儿还对我老婆子讲——

第四位老辈 朋友，真朋友！

雇工 （拿肘子顶了一下头目）你听见了没有？句句谎！他们在背后头你骂我我骂你，可是现在看他们呀，又两样儿啦——就像狐狸摇尾巴！全是喝了那东西的缘故。

头目 那东西好，很好！他们要是这样儿撒谎撒下去，就全成我们的了。很好；我满意。

原文

雇工 等一下。喝完了第二瓶,他们还有好的给您看哪!

女人 （献酒）再喝一杯。

第一位老辈 不太多了点儿?祝你身子好!（喝着）跟好人在一起喝就开心。

第二位老辈 怎么能够不喝?祝主人跟主妇身子好!

第三位老辈 朋友们,祝你们身子好!

第四位老辈 这东西可真造对啦!畅开玩儿罢!我们会帮你安排好了的。因为这都看我啦!

第一位老辈 看你?不,不看你,看你的前辈说什么。

第四位老辈 我的前辈呀是大傻瓜。趁早儿走开,省得丢脸!

第二位老辈 你打算怎么着?你这个傻瓜!

第三位老辈 他说的也没什么不对!因为什么?主人请我们不是白请我们。他有事由儿。事由儿可以安排的。只要你做东道做得好!好好儿尊敬我们。因为是你要我帮忙,不是我要你帮忙!你呀跟猪差不到哪儿去!

庄稼人 你才是!你叫些子什么?打算吓唬我?你们那点子本事呀,也就是拿肚子往饱里塞!

第一位老辈 你神气点子什么?看我不拿你的鼻子揪到一边儿的!

庄稼人 我们倒要看看是谁的鼻子往一边儿歪!

第二位老辈 你真以为你了不起呀?滚到魔鬼那儿去!我不要跟你上话——我走!

庄稼人 （抓住他）什么,你领头儿拆台?

第二位老辈 放我走,要不我喊人救命啦!

庄稼人 偏不!你凭什么?——

第二位老辈 凭这个!

揍他。

庄稼人 （向别的老辈）救我！

他们乱打起来，全在同时说话。

第一位老辈 道理是这个。因为我们闹酒闹昏了头！

第二位老辈 我什么事由儿也安排得来！

第三位老辈 我们再喝点儿！

庄稼人 （向女人）再拿一瓶来！

全围桌子坐下喝酒。

雇工 （向头目）看见没有？狼血在他们身子里头激起来啦，他们变得跟狼一样凶。

头目 是好饮料！我满意啦！

雇工 等一下。看他们喝空了第三瓶。还有好的在后头哪！

第六幕

景是一条村里的路。右边有些老太太和祖父坐在木头上。中间是一圈儿女人，女孩子和男孩子。奏着跳舞的音乐，他们在跳舞。茅屋传来嘈杂的声音和醉了的嘶喊。出来一个老年人，醉里巴几地嚷嚷着。庄稼人跟着他，又把他拉回去。

祖父 啊，搞的些什么子哟！什么子哟！平时干活儿，星期天来啦，洗得干干净净的，拿套马的家活也刷干净，歇上一阵子，跟家里人坐在一起聊聊天儿，要不，到外头跟老辈子谈谈一区的事由儿。要不，你年轻，做做游戏。是呀，想想看，一个人还有什么好要的？孩子们在那边玩——看着他们就快活。又快活又好。（茅屋里头传出嘶喊的声音。）可是这种玩艺儿，算个什么？也就是引人走进邪路，讨魔鬼喜欢。全是日子太好过了啦呀！

原文

  人们酩酊了,颠颠打打走出茅屋,嚷着,抓住女孩子们。

女孩子们 松手,陶穆爹!你这是干什么呀?

男孩子们 我们到巷子里去。这儿就没法子玩儿。

  原先拉圈儿玩的人们全走了。

庄稼人 (走向祖父)你现下有什么好?老辈子拿东西全给了我!(冲他打手指响)你得的就是这个!你呀没别的!全是我的,你呀什么也没!他们自家会讲给你听的!

  四位老辈全在同时说话。

第一位老辈 因为我知道什么是什么!

第二位老辈 我说什么人也怕,
      因为我年纪大!

第三位老辈 朋友!亲爱的朋友,最亲爱的朋友!

第四位老辈 顺着茅屋走,顺着床走,
      女当家的没地方放她的头!

  好啦,走啊!

  老辈们两个两个挽住胳膊,摇摇摆摆,一对跟一对,走掉。庄稼人朝茅屋走回,但是没走到,就摔了——倒在地上,呢呢喃喃,说了一些听不清切的话,声音像猪哼哼。祖父和坐在一道儿的老太太们,站起,走出。

  进来雇工和魔鬼的头目。

雇工 您看见了罢?现在猪血在他们身子里头激起来啦,他们打狼变成了猪!(指着庄稼人)他躺在泥里头,跟猪一样哼唧!

头目 你成功啦!先像狐狸,后来像狼,现在像猪!好,这才叫喝的东西!不过,告诉我,你怎么造成的?我想也是狐狸血、狼血跟猪血拼起来的罢?

原文

雇工 噢,才不是哪!我也就是给他太多太多的谷子!他要多少,他有多少,他就不会因为丢了他的末一块面包发气的,可是一多到他不知道该怎么办啦,他身子里头的狐狸血、狼血和猪血就醒过来啦。他身子里头一直就有走兽的血,不过没法子占上风就是啦。

头目 好,你有本事!你扳回你偷面包的脸啦。现在只要一急着喝酒,他们就整个儿成了我们的啦!

(李健吾 译)

赏析

阴间小鬼遭遇心地善良的农夫,始而对他无可奈何,无计可施,继而心生诡计,让获得丰收谷子的农夫造酒,终则胜券稳操,可以收走农夫和他的邻居的灵魂。列夫·托尔斯泰的六幕剧《头一个造酒的》,规制小巧,形式朴拙,但有人生旨趣、旷世真宰存焉,不可不仔细看取。

乍看之下,这出戏滑稽突梯,荒诞不经,只要你反复诵读,咀嚼再三,隐含其中的中西文化的一种传统信念就次第显豁,托翁又以他对人性的入木三分的体察与这个主题相抗辩,这就形成此剧深层结构中的内在张力,令读者观众在沉思默想中获益良多。

魔鬼勾人魂魄是东西方文化都具有的传统迷信,且看《圣经》和《浮士德》的有趣演绎,上帝与魔鬼打赌,魔鬼与人暗中较量,孰强孰弱,确实引人注目。《圣经·旧约·约伯记》讲述耶和华与魔鬼撒旦的赌局:虔信耶和华的约伯会不会受魔鬼诱惑?耶和华将约伯交给撒旦,撒旦百般折磨他:财产损毁,儿女暴亡,他自己也长满疥疮,痒痛难当。但约伯不改初衷,依然坚持:"我的嘴决不说非义之言,我的舌也不说诡诈之语。"撒旦就此落败,耶和华让约伯再生儿女,财产两倍于从前。歌德《浮士德》的全剧即是天主与魔鬼梅菲斯特的一场赌博。天主想把浮士德"引入澄明之境",梅菲斯特

赏析

则通过满足浮士德的欲望引诱他走魔鬼之路。后来梅菲斯特充当浮士德的仆人,竭力满足他的一切欲望,想收走浮士德的灵魂。可是经过爱情、政治、古典美人和事业等种种考验,浮士德终究没有落入魔鬼的圈套,而被天使接引进了天堂。魔高一尺,道高一丈,在这两个文本中,人的结局是光明的:战胜了魔力,修成正果。

在托尔斯泰的《头一个造酒的》中,包含着类似的人鬼间的暗中斗法,可是结果却与前面的文本完全相反:魔鬼的诡计得逞,人的灵魂将被他收走。一个贫穷的庄稼人,他带了一块面包去耕地,歇马的时候,他要吃面包,却无论如何也找不到了,原来是小鬼暗中偷走了。小鬼以为农夫会诅咒,这样就给他以可乘之机。结果农夫却说:"要是有人拿了的话,他就吃好了,只要对他好就行!"如此宽厚,如此善良,让魔鬼无懈可击。小鬼因此被魔王厉声责骂,其"生计"大受威胁,于是开动脑筋,祭起魔法。他摇身一变,去给那穷农夫当雇工,设法让农夫连续两年谷子大丰收。于是他怂恿农夫以谷子造酒,造出美酒后,鼓动农夫和邻居大喝特喝。小鬼去向魔鬼汇报自己的巨大收获,让魔王亲自来看看农夫的巨变。魔王和小鬼在农夫家里看见:那农夫请了一帮富有的邻居在喝酒,他妻子不小心将酒洒在了地上,农夫便恶语相向:"看她这个笨畜生,手指全成了木头。"全无当时将最后一块面包慷慨予人的善良模样,看得魔王心花怒放。小鬼告诉魔王,喝了酒农夫们会互相吹捧,像狐狸一样狡猾。果然,他们开始言不由衷地说起奉承话来。喝了第二杯酒他们立刻恶声恶气,互相咒骂。喝到第三杯酒,他们一个个丑态百出,简直像猪一样。最后小鬼向魔王表功:"我也就是给他太多太多的谷子……可是一多到他不知道该怎么办啦,他身子里头的狐狸血、狼血和猪血就醒过来啦。他身子里头一直就有走兽的血……"在这里,小鬼的表功揭示了某些真相:人性本身就潜伏着兽性,但平常时候它处于休眠状态,一旦据有过多的私有财产,人性中的兽性就会被激活,兽性占据上风,人便被毁灭。俗人下地狱的悲剧就在这喜剧性的场景中被牢

赏析

牢定格。这与前面讲述的《圣经》和《浮士德》中人终胜魔的乐观结局相反，形成了与传统的内在对话。

《头一个造酒的》完成于1896年，但托尔斯泰对人性的洞悉却贯穿其创作生涯。在早年的《一个弹子房记分人的笔记》等作品中，托尔斯泰就揭示了人性恶的可怕力量。而在晚年创作的长篇小说《复活》中，作家则以男主人公涅赫柳多夫的经历将这个剧本对人性的思考进一步加以深化："涅赫柳多夫也和所有的人一样，由两个人合成。一个是精神性的人，自己追求的只是也能使别人幸福的幸福。另一个是兽性的人，所追求的仅仅是自己的幸福，而且为了自己的幸福不惜牺牲全世界一切人的幸福。"但是托翁并不悲观，在《复活》中他描写了主人公们或在宗教体验中的复活，或在社会颠沛中的获救。在《头一个造酒的》中，从结局的大趋势看，似乎人为鬼所迷惑，堕入地狱已成定局。然而细心的读者也可以看到得救的希望。首先，祖父这个人物仿佛一笔带过，他在全剧中只有三处对话，但恰恰是他一再指出酒的危害，为人们指点了健康生活的路径。其次，在第六幕开始时，儿童、女人的健康的舞蹈嬉戏，也与酩酊大醉的"猪猡"的趔趄踉跄形成强烈对比，人性的光明与人性的堕落形成了巨大反差。这些看似不起眼的细节，实际上一次次暗示了人的理智觉醒的可能性，为悲观的结局抹上了些许亮色。

就风格而言，《头一个造酒的》也值得玩味。首先，形式简朴。该剧是托尔斯泰应邀为民间剧院写的喜剧，故事来自托尔斯泰自己写的寓言《小鬼和面包》。因此剧本形式简洁，内容质朴，没有悲剧式的痛彻，没有哲人般的教诲，浑如历经沧桑而归于平和的长者讲述的寓言故事。但剧作在简单的故事中寄予着对人性深刻的考量，质朴中蕴涵着深邃，深奥的真理表述为直白的话语，到底不失大家气象。其次，从审美属性来看，《头一个造酒的》可谓是形"喜"实"悲"。剧作家采用了一些喜剧的表现手法，想象奇特，时而人间，时而阴曹，时而人鬼混杂，还采用了民间对魔鬼的想象，如

赏析

偶尔露出鬼的犄角和蹄子,但这些形式上的花哨都不能掩藏剧作家对人性阴暗面的敏锐洞悉,对人欲泛滥的悲剧结局的深刻忧患,尽管有那么点亮色。

(刘亚丁)

散

文

谈艺术

一部艺术作品是好是坏,取决于艺术家说什么,怎样说,所说的又是在多大程度上出自内心的。

为了使艺术作品完美,需要艺术家所说的是崭新的,对一切人而言是重要的,需要表现得十分优美,需要艺术家说的是出于内心的要求,并因此说的是完全真实的。

为了使艺术家说的是崭新的和重要的,就需要艺术家是有道德修养的人,因此不是过非常自私的生活,而是人类共同生活的参与者。

为了使艺术家所说的能够表现得优美,需要艺术家能够掌握自己的技巧,以至在写作时,很少想到这技巧的规则,正如一个人在行走时很少想到力学的规则那样。

为了做到这一点,艺术家任何时候也不应反复打量自己的工作,不应欣赏它,不应把技巧当作自己的目标,正如行走的人不应想到自己的步态并欣赏它那样。

艺术家为了能表现心灵的内在需要,并由此由衷地说他所说的,他应该,第一,不要关心许多细琐小事,以免妨碍他真正地去爱那值得爱的东西;第二,必须自己去爱,以自己的心灵而不是以别人的心灵去爱,不是假惺惺地去爱别人认可或认为是值得爱的东西。为了做到这一点,艺术家应该像巴兰那样,当使臣们来见过他以后,他独自到一旁去等待上帝的旨意,为了只说上帝所晓谕的。但艺术家不应做这同一个巴兰为礼物所诱惑时所做的事,当时他违背上帝的旨意,去见国王,连他所骑的驴都看清楚的,他却看不见,他被利欲和虚荣心迷住了。[①]

下列三类艺术作品每一类所达到的完美程度,决定着一些作品与另一些作品的优点的差别。作品可以是(一) 意义重大的,优美的,不太真诚的和真实的;可以是(二)意义重大的,不太美的,不太真诚的和真实的;可以是(三)意义不大的、优美的、真诚的、真实的,以及其他各种各样的组合。

所有这样的作品都有自己的优点,但都不能被认为是尽善尽美的艺术作品。只有内容意义重大、新颖,表现得十分优美,艺术家对自己的对象的态度又十分真诚,因此是十分真实的,只有这样的作品才是尽善尽美的艺术作品。这类作品无论过去和将来总是罕见的。至于其余一切作品,当然是不大完美的,按照艺术的三个基本条件主要分为三类:(一)就内容的意义重大而言是卓越的作品,(二)就形成的优美而言是卓越的作品,(三)就其真诚和真实性而言是卓越的作品,但这三者中,每一类在其他两方面都没有达到同样的完美。

所有这三类加在一起接近于完美的艺术,凡有艺术的地方都无可避免地存在着这三类。青年艺术家的作品往往以态度真诚取胜,内容却很空洞,形式则或多或少是优美的;老年艺术家则正好相反;勤奋的职业艺术家的作品以形式见长,却往往缺乏内容和真诚的态度。

按照艺术这三个方面又分为三种主要的错误的艺术理论。依这些理论看来,没有兼备这三种条件、从而位于艺术边缘的作品不仅被认为是作品,而且被视为艺术的典范。这些理论之一认为,艺术作品的优点主要有赖于内容,哪怕它缺乏优美的形式和真诚的态度。这是所谓倾向性的理论。

另一种理论认为,艺术作品的优点有赖于形式,哪怕它的内容空洞,艺术家对作品的态度又不真诚。这是为艺术而艺术的理论。第三种理论认为,全部问题在于真诚、真实,哪怕内容如何空洞,形式如何不完美,只要艺术家喜爱他所表现的东西,作品就会是艺术性的。这种理论被称为现实主义理论。

一

原文

一

基于这些错误的理论,艺术作品就不再像往昔那样,在一代人生活的时期内,每一领域只出现一二种,而是每年在每个首都(有许多游手好闲者的地方),艺术的所有领域都出现千千万万所谓的艺术作品。

在当代,要从事艺术创作的人并不等待他心中出现自己真正喜爱的、重要而新颖的内容,并因为喜爱才赋予它以合适的形式,而是或者依照第一种理论,撷取当时流行的和他心目中的聪明人所赞美的内容,并尽可能赋予它以艺术的形式;或者依照第二种理论,选取他最能表现技艺的那种对象,竭尽全力耐心地制造出他所认为的艺术作品;或者依据第三种理论,在获得愉快的印象时,就撷取他所喜欢的东西作为作品的对象,以为这会是艺术作品,因为这作品是他喜欢的。于是出现了难以胜数的所谓的艺术作品,它们可以像任何工匠的产品那样片刻不停地被制造出来,因为在社会上总会有流行的时髦见解,只要有耐心总能学会任何技巧,随便什么东西总会有人喜欢。

由此产生了当代的奇怪状况,指望成为艺术作品的作品充斥于整个世界,它们和工匠的产品的区别只在于,它们不仅毫无用处,而且往往恰好是有害的。

由此又产生一种离奇的现象,它明显地表明艺术概念的紊乱,比如对于一部所谓的艺术作品,没有同时不存在两种截然相反的意见的,这两种意见又都来自同样有教养、有权威的人士。由此还产生一种令人惊异的现象,即大多数人沉湎于最愚蠢、最无益而且常常是不道德的活动,也就是制造并阅读书籍,制造并观看绘画,制造并欣赏音乐剧、话剧和协奏曲,而且完全真诚地相信,他们做的是一件十分聪明、有益和高尚的事。

当代人仿佛对自己说,艺术作品是好的和有益的,因此必须更多地把它们制造出来。确实,如果它们更多些,当然很好。不幸的是,定做

原文

出来的只能是一些由于缺乏艺术的全部三个条件,或因三个条件的分离而降低到工匠的产品水平的作品。

而兼备全部三个条件的真正艺术作品是不能定做的,其所以不能是因为艺术作品源自艺术家的精神境界,而艺术家的精神境界是知识的最高表现,是人生奥秘的启示。既然这种精神境界是最高的知识,那就不可能有另一种能够指导艺术家掌握这种最高知识的知识。

(1889年)

(陈 焱 译)

注 释

① 事见《圣经·旧约·民数记》第二十二章。摩押王巴勒派使臣巴兰,请他去诅咒以色列人,巴兰留使臣住宿,他等待上帝的晓谕,因为上帝不许,他没有随使臣去见巴勒。第二次巴勒又派使臣来,许给他很大的尊荣和礼物,他动了心,与使臣一起去了。在路上,耶和华的使者拦阻他,他骑的驴看见了,他却看不见。

赏 析

列夫·托尔斯泰不仅是一位伟大的艺术家、思想家,同时也是一位颇具独创精神,自成一体的现实主义批评家。他发表的专门文艺评论文章不是很多,但是在他的书信、日记、笔记、杂文以及同时代人关于他的回忆录中,却包含着他极其丰富的美学思想和文艺见解。这些美学思想和文艺见解,特别是文学批评思想主要体现在下面一些论文中:1889年的《谈艺术》、1894年的《〈莫泊桑文集〉序》、1894年的《谢·杰·谢苗诺夫的〈农民故事集〉序》、1896年的《论所谓的艺术》、1898年的《什么是艺术?》和1903

赏析

年的《论莎士比亚和戏剧》等。巨大的艺术才能,让托尔斯泰创作了世界文学中的巅峰之作,独特的艺术观和多年的文学实践使列夫·托尔斯泰成为世界文坛上的巨人。他的创作和批评产生了自成体系的现实主义批评思想。

艺术究竟是什么?对这样一个根本问题,历来众说纷纭。一般认为艺术是美的表现,可是自从鲍姆加登创立美学这门独立学科以来,多少学者为讨论美的问题伤透了脑筋。托尔斯泰认为美仍然是一个谜一般的东西,有多少人探索就有多少个不同的回答,但是归结起来,种种不同的答案又常常汇为一点,即把美与惬意联系起来,将美视为快感这种欲望的满足。对此托尔斯泰认为,如果将艺术当作获取愉快的手段,那是站在人类道德发展的最低阶段来要求艺术,因此,要为艺术下确切的定义,必须首先不再把艺术这种千百万人为之献身的事业看作一种享乐的工具,而是看作人类社会生活不可缺少的条件。

托尔斯泰指出:

"为了准确地给艺术下定义首先应该不再把艺术看作享乐的工具,而把它看作人类生活的条件之一。对艺术采取这样的看法之后,我们就不可能不看到,艺术是人与人相互交际的手段之一。

"任何一部艺术作品都能使接受的人跟已经创造了艺术或正在创造艺术的人之间发生某种联系,而且也跟所有那些与他同时在接受、在他以前接受过或在他以后将要接受同一艺术印象的人们之间发生某种联系。

"正如表达出人们的思想和经验的语言是人们团结一致的手段,艺术的作用也是这样。不过艺术这种交际手段和语言有所不同:一个人用语言把自己的思想传达给另一个人,而人们用艺术互相传达自己的感情。"

托尔斯泰又指出:"艺术起始于一个人为了把自己体验过的感情传达给别人,便在自己的心里重新唤起这种感情,并用某种外在标志表达出来。""各种各样的感情,非常强烈的或者非常微弱的,很有意义的或微不足

赏析

道的,非常坏的或者非常好的,只要它们感染读者、观众、听众,就都是艺术的对象。"

根据自己的观点,列夫·托尔斯泰为艺术下了一个新的定义:"在自己心里唤起曾经一度体验过的感情,在唤起这种感情之后,用动作、线条、色彩、音响和语言所表达的形象来传达出这种感情,使别人也体验到同样的感情,这就是艺术活动。艺术就是这样的一项人类活动:一个人用某些外在的符号有意识地把自己体验过的感情传达给别人,而别人为这些感情所感染,也体验到这些感情。"

列夫·托尔斯泰的批评标准是根据自己对艺术的理解和自身的创作经验而创立的。既然艺术的使命在于传达感情,那么艺术的感染力就成为区分真正艺术和虚假艺术的确定无疑的标准,也是衡量艺术作品优劣的标准。艺术感染力的特点应该是:感受者和艺术家的感情自然而然地发生共鸣,以致觉得那部艺术作品是他自己创造的,作品所表达的一切是他朝思暮想的。所有欣赏作品的人都能产生同样的感受,于是就在感受者的意识中消除了他们与艺术家之间的界限,同时也消除了欣赏者之间的界限,于是人和人在一种感情的基础上消除了互相理解的障碍,而达到了团结和融合,这样艺术家完成了自身的使命,实现了自身的价值。能够达到这一境界的艺术,对托尔斯泰来说,才是真正的艺术。所以他认为"感染性是艺术的一个肯定无疑的标志",而衡量艺术是否优秀,就要看感染力是否深刻。

艺术的感染力取决于三个条件:1. 感情的独特;2. 感情的传达是否清晰;3. 艺术品所传达的感情是否真挚。这就是托尔斯泰的"三条件说"或"三要素说",这也是托尔斯泰文学批评思想中最重要的、最核心的东西,是对文学批评理论的巨大贡献。托尔斯泰在文学批评活动中一直是以此来作为批评的标准的。

这一完整、严谨的批评标准最早在写于1889年的这篇《谈艺术》中有所表达。

一
原文
一

托尔斯泰认为:"一部艺术品是好是坏,取决于艺术家说什么,怎样说,所说的又是在多大程度上出自内心的。"他提出:"只有内容意义重大、新颖,表现得十分优美,艺术家对自己的对象的态度又十分真诚,因此是十分真实的,只有这样的作品才是尽善尽美的艺术作品。"这个批评标准,后来又最为准确地表达在其 1894 年的《〈莫泊桑文集〉序》之中,而后在多篇论文中重复得到表述。

(杜凤娇)

给罗曼·罗兰的一封信

亲爱的兄弟:

我收到您的第一封信①。它打动了我的心,读着它,我不禁热泪盈眶。我曾经打算写一封回信,可是没有时间。再者,且不说用法文写信对于我已是多么困难,我还得非常详尽地答复您的那些问题,而它们大多又是出于误解。

您问我:为什么手工劳动是真正的幸福的一个重要条件? 是否应该自愿放弃智力活动,不再从事在您看来与手工劳动不能并行的科学与艺术?

我曾经尽我所能地在《那么我们应该怎么办?》一书中答复这些问题。我听说这本书已经被译成法文。我从来没有把手工劳动看作独立的原则,而始终认为它是道德原则的最普通和最自然的运用方式,任何一个真诚的人都会最先想到这种方式。

在我们这个腐化的社会里(在所谓有教养者的社会里),我们所以必得从事手工劳动,唯一原因是,这个社会的主要弊端,无论过去还是

原文

现在,始终在于让自己脱离这种劳动,又无偿地享用那些贫穷、无知而不幸的阶级的劳动,而那些阶级是奴隶,与古代世界的奴隶相去无几。

要看属于这个社会并且信奉基督教、哲学或人道原则的人是否真诚,首先便要看他是否尽可能努力摆脱这个矛盾。

要做到这一点,最简单可行的办法,首先就是从事照料自己个人的手工劳动。我绝不相信,一个迫使女仆给他端尿壶的人会真诚地抱有基督教的、哲学的和人道的信念。

最简明扼要的道德准则是,尽可能少地迫使别人为自己服务,尽可能多地为别人服务;尽可能少地有求于别人,尽可能多地给予别人。

这个准则给予我们的生存以合理性和由此而来的幸福,也解决了所有的难题,其中包括您所遇到的这个难题:智力活动、科学和艺术的命运将待如何?

基于这个准则,我只在坚信我的活动对他人有益的时候才能够幸福和满足。(人们因我为他们做事而获得的满足,在我已是一种附加的东西,一种额外的幸福,我并不指望它,它也并不能影响我对自己的行为选择。)我坚信我做的事并非毫无益处,并非恶行,而是为他人造福,这就是我的幸福的主要条件。

正是这一点在不知不觉中促使一个有道德的真诚的人宁可去作手工劳动,而不去从事科学和艺术的劳动。我写一本书,为之我需要排字工人的劳动。我作一首交响曲,为之我需要乐师。我做一些实验,为之我需要制造实验仪器的人进行劳动。我画一幅画,为之我又需要别人来制颜料和画布。所有这些事情可能是于人有益的,但也像多数情况下那样,它们同样可能是完全无益的,甚至是有害的。可是,当我做着所有这些益处大可怀疑,而我还得迫使别人为之工作的事时,在我的四周却有许许多多需要去做的事,它们无疑是于他人有益的,我也无须任

原文

何人来帮着我做,例如帮疲乏者搬运重物,替病了的当家人耕田,给人包扎伤口。这样的事用不着任何人帮助,而且您为谁这样做,谁就能直接获得满足。种树、喂牛、淘井这些事无疑于他人有益,并且任何一个真诚的人都一定会宁可做这些事,而不去从事在我们这个世界中被鼓吹为人类最崇高最高尚的使命那一类可疑的事。

先知的使命是崇高的使命。但是我们知道那些神父是怎么回事。他们认为自己是先知,只不过是因为这样做对他们有好处,因为他们有可能冒充先知罢了。

受着先知教育的人并不是先知,只有那种内心坚信自己是先知、应该是先知并且不能不是先知的人才是先知。这样的信念很少有,而且只能被人为自己的使命作出的牺牲所证实。

对于真正的科学和真正的艺术来说也同样如此。任何一个为献身于小提琴演奏而知难不畏地放弃了厨子差使的吕里②,都以他所作的牺牲证实了自己的使命。而一个音乐学院的或大学生的唯一职责,只是研究人们所教给他们的东西,他们甚至没有可能表现出自己的使命,他们不过是利用他们认为是有利的地位而已。

手工劳动是所有人的职责和幸福,而智力活动则是一种特殊的活动,它只是那些具有这种使命的人的职责和幸福。只有在一个科学家或艺术家为奉守自己的使命而牺牲了自己的平静和福利的情况下,才能说明并且证实他赋有这种使命。一个人始终履行着自食其力这一职责,并且还废寝忘食地寻求在智力领域进行思考和有效工作的机会,这样他就证明了自己的使命。而一个不守人人应尽的道德职责,并以爱好科学和艺术为借口给自己安排一种寄生虫生活的人制造出来的东西,除了伪科学和伪艺术之外再不会是别的。

真正的科学作品和真正的艺术作品,是人所作的牺牲的产物,而决

原文

计不是这样那样物质利益的产物。

但是这样一来,科学和艺术将会怎样?我已有多少次从那些无论与科学还是与艺术都毫不相干,并且对何谓科学和艺术甚至没有一丝一毫明确概念的人们口里听到这个问题了啊!也许可以认为,这些人无论对什么也不会像对人类的福利那样珍重,而这人类的福利,照他们的理解,正在于他们所谓的科学和艺术的发展。

然而怎么会出这样的事,竟有这样的狂人,要否定科学和艺术的用处?世上有手艺人,有农夫。谁也不曾想到过要对他们的用处提出异议,而一个做工的人也永远不会想去证明自己的劳动的用处。他生产着,他的产品是必需的,是对他人有好处的。人们享用着这产品,谁也不会怀疑它的用处,更不会去证明它的用处。

科学家和艺术家们也处于同样的情况之下。可是怎么会有这样的人,他们要竭心全力来证明自己的用处呢?

问题在于,真正的科学家和艺术家们并不赋予自己任何权利,他们献出自己的劳动产品,这些产品是有益的,因此他们丝毫不需要任何权利和肯定自己权利的证据。但是极其众多的是那些自命为科学家和艺术家的人,他们非常清楚,他们生产出来的东西抵不上他们所要求的东西,仅仅是出于这个原因,他们才像各个时代的僧侣们那样千方百计地设法证明他们的活动对于人类福利是必要的。

真正的科学和真正的艺术,像所有其他各种人类活动一样,从来就存在着,并且将永远存在下去,否定或是证明它们的必要性都是不可能的和徒劳的。

科学和艺术在我们这个社会中起着虚伪的作用,这是由于那些以科学家和艺术家为首的所谓有教养人士,构成了一个与僧侣相似的特权种姓。这一种姓具有各个种姓所固有的全部缺陷。这一种姓的缺陷

原文

在于它玷污和辱没了它赖以形成的那一原则本身。结果,伪宗教代替了宗教,伪科学代替了真正的科学。在艺术上也是如此。这一种姓的缺陷在于它压迫群众,并且还使群众丧失了那本应在他们中间普及的东西。而这一种姓最主要的缺陷,还在于其成员所信奉的原则与他们的行为之间存在着矛盾,这个矛盾却令他们感到快慰。

除了那些捍卫着为科学而科学和为艺术而艺术的荒谬原则的人之外,文明的拥护者都不得不断然地说,科学和艺术是人类的洪福。

这福表现在哪里?那些可以据以将福和善区别于恶的特征又是怎样的呢?科学和艺术的拥护者千方百计规避着答复这些问题。他们甚至断言,给善和美下定义是不可能的。"一般的善",他们说,"善和美,是不可能有定义的。"但他们是在撒谎。人类在自己历来的前进运动中所做的一切,无非就是给善和美下定义。善在许多世纪以前就有了定义。但这定义却不讨这些人的喜欢,因为它表明,他们的所谓科学和艺术很渺小,甚至产生与善和美对立的恶果。善和美都在许多个世纪以前就有了定义。婆罗门和大智大慧的佛教徒,中国的、欧洲的和埃及的贤人,以及希腊的斯多噶派哲学家,都给它们下过定义,而《福音书》则给它们下了最准确的定义。

一切使人们团结的是善和美,一切使人们分离的就是恶和丑。

这个公式是尽人皆知的。它已铭刻在我们的心中。对于人类,善和美就是使人们团结的东西。因此,如果科学和艺术的拥护者真的关心人类的福利,他们就会懂得人的福利何在,而懂得了这一点,他们就会专去从事那些通向这一目标的科学和艺术了。此外,法学、军事学、政治经济学和金融学也就不会有了,因为所有这些科学的目的,不外是一部分人在损害另一部分人的基础上获得福利。如果福利真是科学和艺术的标准,那么,对于人类的真正福利全然微不足道的那些精密科学研究,就绝不会获得它们现在具有的意义,特别是我们这些勉强只供有闲人士解闷用的艺术作品,就更不会获得这样的意义了。

人类的明智不在于认识事物。有不计其数的事物是我们不可能认识的。明智也不在于认识得尽可能多一些。人类的明智在于认识一种秩序,我们根据那种秩序去认识事物才有好处。人类的明智是一种善于按照自己的知识的重要程度来支配它们的本领。

然而,在人可以并且应该了解的各门科学当中,最主要的一门是关于怎样才能生活得尽量少作恶和尽量多行善的科学;在各种艺术里,最主要的一种是善于尽量自然地避恶扬善的艺术。可见,在所有自命为造福于人类的科学和艺术中间,那门最重要的科学和最重要的艺术非但不存在,而且根本被排斥在科学和艺术的清册之外。

我们这个世界谓之科学和艺术的东西,无非是一个大 humbug③,无非是我们通常一经摆脱旧的教会迷信便会陷入其中的另一种巨大的迷信。为了看清我们应循的道路,必须从头开始做起,必须摘掉那顶戴着觉得暖和但却遮住了两眼的风帽。诱惑是巨大的。我们生下来,然后凭借劳动,或者毋宁说凭借某种机智,我们逐步迁升,跻身于特权阶层,当上了文明和文化的祭司。因此,我们必须对真和善抱有极大的真诚和极大的爱,正如婆罗门和天主教教士必须这样做一样,才能对我们赖以得到有利地位的那些原则发生怀疑。对于一个严肃的人,一个像您这样给自己提出了生命问题的人,这里不存在选择的余地。要对事物获得清晰的认识,他必须抛弃他生活于其中的那种迷信,虽然这迷信于他有利。这是一个 Sine qua non④条件。哪怕只在某一点上和一个固执于某种信仰的人进行议论,都是徒劳无益的。

要是他的思想并未完全抛弃先入为主的偏见,无论他怎样推断,也不能向真理靠近一步。他那先入为主的信仰会使他的所有推断中止和

一 原文 一

发生歪曲。有人信仰宗教,也有人信仰现代文明,这两种信仰完全相同。天主教徒说:"我可以推断,但只限于我们的经书和传说所教给我的范围之内,这些经书和传说包含着十全十美而永恒不变的真理。"文明的信奉者则说:"我的推断决不侵越文明、科学和艺术的根据。我们的科学是人类真知的总和,如果说它还未掌握全部真理,那么它将会掌握它。我们的具有古典传统的艺术是唯一真正的艺术。"天主教徒们说:"在人之外存在着一个如德国人说的物自体,就是教会。"我们这个世界的人们说:"在人之外存在着一个物自体,就是文明。"我们很容易看出宗教迷信的推断错误,因为我们不同意这些迷信。但是任何一种肯定的宗教的信奉者,甚至天主教徒,都深信,真正的宗教只有一种,并且恰恰是他们信奉的那一种。他甚至觉得,他那种宗教的正确性可以用推断来证明。我们这些文明的信奉者也是同样,我们也深信只存在一种真正的文明,它正是我们的这种文明。我们几乎不可能发现所有我们这些推断中的逻辑缺陷,因为这些推断力图证明,在各个时代和所有的人中间,只有我们这个时代和在被称作欧罗巴的半岛上生活的那么几百万人,才享有真正的科学和真正的艺术构成的真正文明。

要认识这极为简单的生活真理,无需任何肯定的东西也无需任何哲学和深奥的科学,只需要有一个消极的品质就够了,即不迷信。

应当使自己处于孩提状态或笛卡儿的状态,对自己这样说:我什么也不知道,什么也不相信,我想要做的仅仅是认识生活的真理,因为我必须度过这一生。

而答复早在若干世纪以前就已作出,这是一个简单明了的答复。

我的内心情感对我说,我需要福利、幸福、为我、为我一个人。而理智却告诉我,一切人和一切生物希望得到的也正是这个。这一切像我一样寻求自身幸福的会压制我。很清楚,我不可能享有我所希望的幸福。然而我的一生却正是在于追求幸福。如果因为不可能享有幸福就不去追求它，这意味着不去生活。

那么，我不可能生活了？

判断告诉我说，在一切生物都只追求自身福利的世界结构中，我，一个抱着同样希望的生物，不可能获得福利，我不可能生活。然而，尽管这个判断如此明确，我们还是生活着，我们还是追求着幸福，追求着福利。我们对自己说：只有当一切别的生物都爱我更甚于爱它们自己的时候，我才能获得福利，成为幸福的人。这是不可能的事。虽然这样，我们仍旧生活着。我们的全部活动，我们对财富、荣誉和权力的追逐，无非是仍想迫使别人爱人爱我们比爱他们自己更甚。财富、荣誉和权力向我们提供了类似的东西，我们几乎就满足了，我们有时竟忘记了这只是类似，而非现实。一切生物都爱自己甚于爱我们，幸福因而断无可能。有一些人（他们的数目正与日俱增）因为解决不了这个难题，便开枪自杀，认为生活只是一个骗局。

其实，问题的答案十分简单也十分自然。只有当这个世界上有了这样一种结构，使一切生物都爱别人甚于爱自己的时候，我才会幸福。如果一切生物都不能不爱自己而爱别人，普天之下就都是幸福的了。

我是一个属于人类的生物，理性为我揭示了一切生物的幸福的规律。我应该遵循我的理性的规律——我应该爱别人甚于爱自己。

一个人只要一作出这个判断，生活在他看来就会立即显得与以前不一样。一切生物都在互相残杀，一切生物又都在相爱和互助。维系着生活的不是残杀，而是生物之间的相互同情，这同情在我心中表现为爱的感情。我刚开始领悟出这个世界上事物发展的进程，我就发现，唯有相互同情这一原理才决定着人类的进步。全部历史不是别的什么，而无非是这团结一切生物的唯一原则越来越趋于明确，越来越多地得

| 原文 |

到运用。因此,这个判断为历史经验和个人经验所证实。

但是一个人往往不用判断,就能在自己内心情感里给这个判断的正确性找到最令人信服的证据。一个人可以达到的最大幸福,他是最自由、最幸福的状态,乃是自我弃绝和爱的状态。理智给人揭示出唯一可行的幸福之路,情感则驱赶他往这条路上奔去。

如果您觉得我试图向您表达的这些思想还不明确,请不要过于严厉地责备它们。我希望您将来能读到它们更为清楚和准确的表述。

我只是想就我对事物的看法向您作一些说明。

列夫·托尔斯泰

1887年10月3、4日于亚斯纳亚波利亚纳

(宋大图 译)

| 注 释 |

① 罗曼·罗兰于1887年4月16日写给作者,向他提出了一系列关于劳动、科学与艺术的问题。因为没有得到回信,他于5个月后再次写信,请作者就这些问题加以阐明。作者为此写了这封回信。原信有法文及俄文两种手稿,收在《托尔斯泰全集》(百年纪念版)第64卷第84至第98页。

② 吕里(1632—1667):法国音乐家,少时曾在巴黎做过厨子,后以提琴演奏博得路易十四的赏识,主持其宫廷乐队。

③ 英语:欺骗。

④ 拉丁语:必须的。

| 赏 析 |

列夫·尼古拉耶维奇·托尔斯泰是19世纪俄罗斯最伟大的作家,出

赏析

身名门望族,其谱系可追溯到16世纪,是彼得大帝时代承袭下来的贵族,世袭伯爵。他的一生具有传奇色彩,他的创作从写自己开始,到写自己而终了,共有90卷文集出版。

罗曼·罗兰是法国思想家、文学家,也是一个人道主义者。他一生中所接触到大文豪数不胜数,雨果、歌德、甘地、里尔克、斯宾诺莎……而一直作为他精神导师,影响他一生的则非托尔斯泰莫属。在给托尔斯泰所作的传记《托尔斯泰传》中,他这样开头:"俄罗斯的伟大的心魂,百年前在大地上发着光焰的,对于我的一代,曾经是照耀我们青春时代的精纯的光彩。在19世纪终了时阴霾重重的黄昏,他是一颗抚慰人间的巨星……"托尔斯泰是罗曼·罗兰最景仰的大师,他对托尔斯泰的作品更是达到了疯狂崇拜的程度。他说:"阅读托尔斯泰,可以让我们找到自己,这对于我们的人生是一个启示,是开往广大宇宙的一扇门。"而最令罗曼·罗兰感动的是在他们之间有过一次真诚的书信交流。那是在托尔斯泰推出新书《那么我们应该怎么办》以后,面对书中托翁对莎士比亚和贝多芬及现代艺术的成就的不屑一顾乃至唾弃,年轻的罗曼·罗兰有些糊涂了。他不知道托尔斯泰为什么会对他当成生命的艺术进行如此强烈的抨击,他无法理解他这位精神导师的意思。年轻的罗曼·罗兰控制不住心中的焦躁和冲动,提起笔来给他敬爱的导师,远在俄罗斯的托尔斯泰写了一封信,表达自己的不解和困惑。半年后的一天,本已忘记此事的罗曼·罗兰万分惊喜地收到了托尔斯泰的这封亲笔长信,即《给罗曼·罗兰的一封信》。

在信中托尔斯泰说:"最简明扼要的道德准则是,尽可能少地迫使别人为自己服务,尽可能多地为别人服务;尽可能少地有求于别人,尽可能多地给予别人。""一个人可以达到的最大幸福,他是最自由、最幸福的状态,乃是自我弃绝和爱的状态。"

托尔斯泰是这样说的,更是这样做的。他的一生是和苦难作斗争的一生。贵族出身的他从小就过着锦衣玉食的生活,却在5岁那年就感悟到:"人

原文

生不是一次享乐,而是一桩十分沉重的工作。"少年时代的他就想卖掉自己的车,送给穷人,因为他觉得"他们是和我一样的人"。他蔑视上流社会奢侈糜烂的生活,一生最苦恼的事情就是不能和那些贫苦的人一起生活。

1847年,托尔斯泰从喀山大学退学回家,在自己的庄园尝试改革。他到庄园5个村子里最穷苦的一个,给农民送茅草,修房子。农奴表示不理解,更重要的是无法调和的社会矛盾使得这位年轻伯爵的幻想成为泡影。

为了寻求俄国社会的出路,他曾两度出国考察。在法国他看到了法国发明了用于杀人的机器,内心受到极大冲击。离开法国去往瑞士,他亲眼目睹了一些有钱人如何虐待一位流浪艺人,托尔斯泰以同情心请这位艺人到饭馆吃饭。回到家他连夜赶写小说,破口大骂这个西欧社会。

托尔斯泰还在他的庄园办起了学校,对农民的儿子进行普及教育,担任地主与农民之间的和平调节人与陪审员,以期维护农民的利益。他一生不满俄罗斯社会阶级之间的鸿沟和沙皇封建农奴制的残暴统治。为此他受到了沙皇当局的迫害,1862年7月他外出时,家中遭到宪兵连续两天的搜查。1910年,俄国教会最高当局宣布托尔斯泰为"邪教徒和叛教者"并开除他的教籍。他并不屈服,仍然为正义而斗争,用实际行动来为善和美下定义。

"我应该爱别人甚于爱自己。"托翁毕生的所作所为,正对此作了"更为清楚和准确的表述"。

(杜凤娇)

到底怎么办?

绝圣弃智,民利百倍。

绝仁弃义,民复孝慈。

> 原文

> 绝巧弃利,盗贼无有。
> 此三者以为文不足,故令有所属。
> 见素抱朴,少私寡欲,绝学无忧。
> ——老子《道德经》十九章

大约一个月前有两个年轻人到这儿来讨小册子①。一个戴着鸭舌帽,穿着树皮鞋;另一个戴着曾经是很讲究的黑色礼帽,穿着破皮靴。

我问他们是什么人。他们带着毫不掩饰的骄傲告诉我,他们是从莫斯科被赶出来的工人,因为在那里参加了武装起义。途中他们被雇到我们村的果园当看守,工作还不满一个月。昨天果园园主辞退了他们,说他们怂恿农民毁果园。而他们微笑着否定了这种说法,声明他们只是每晚到村里去走走,和伙伴们聊聊天而已,没有怂恿任何人。

他们俩,特别是那个更活跃一些的,笑起来黑眼睛放光,并且露出一口白牙齿的工人,都读了不少革命文献,于是不管恰当不恰当,满嘴外来语:演说家、无产阶级、社会民主党人、剥削等等。

我问他们读过什么。皮肤微黑的那一个笑着说,他读了各种各样的小册子。

我问,是什么样的小册子。

"什么样的都有,比如《土地和自由》。"

我问他们读后有何感想。

"里头写的全都正确。"皮肤微黑的一个说。

"到底是什么正确?"

"就是生活变得无法忍受了。"

"为什么无法忍受了呢?"我问。

"怎么'为什么'?既无土地,又无工作,政府无缘无故地摧残压迫

— 原文 —

老百姓。"

于是他俩相互打断话头,述说哥萨克如何用皮鞭抽老百姓,警察如何乱逮捕人,甚至把什么罪也没犯的人枪杀在他们家中。

我举出一些理由说武装起义是不好的,是非理性的事情,皮肤微黑的一个听了只微微一笑,接着平静地说:"我们可不这样看。"

当我讲起杀人是罪恶,讲起上帝的时候,他们交换了一下眼色,黑眼睛的年轻人耸了耸肩膀。

"那么按照上帝的律法就该任人剥削无产者了吗?"他说,"过去是这样,可现在人们觉醒了,再不能……"

我拿给他们一些小册子,大部分是宗教内容的;他们瞟了一眼标题看样子很不满意。

"大概你们不喜欢,那就不必拿去了。"

"那为什么?"皮肤微黑的一个说着把书塞进怀里,然后和我告别。

虽然我没有看报,但是根据家里人的谈话,根据我收到的信件,根据来访者的叙述,我知道最近一个时期在俄国发生的事情,而且特别了解(正是因为没有看报)社会和百姓的观点最近发生的惊人的变化。变化在于,如果以前只有某些人指责政府的某些命令,那么现在是所有的人,除去极少的例外,都认为政府的全部活动是罪恶的和非法的,认为一切风潮过错都在政府。持这种观点的有教授,有邮电部门官员,有文学家,有小店主,有工人,甚至还有警察。"杜马"解散以后这种情绪更加强烈了。最近又发生政府天天杀人的事情,这种情绪就达到了最高峰。

这些情况我都知道。但是和这两个人的谈话对我产生了特别的影响。这次谈话就像一股推动力,突然使正逐渐凝结的液体变成了冰,突然使我在此以前感受到的这类印象变成了明确的,毫无疑问的信念。

原文

和他们交谈之后我明白了,政府为了镇压革命正在施行的种种罪行,不仅不能镇压革命,反倒使革命烈火燃得更旺。我明白了,即使革命运动由于政府的暴行所造成的恐怖而暂时平息下去,它也不会被消灭,而只是暂时潜伏起来,今后必然还会以新的更大的力量爆发出来。我明白了,现在熊熊燃烧起来的火焰已势不可当,与燃烧物的任何接触都只能扩大火势。我明白了,只有从政府方面停止一切镇压措施,不仅停止死刑和逮捕,而且停止各种形式的流放、迫害和查封,这场发了狠的群众的可怕斗争才有可能停止。

我坚决相信,现在政府所能采取的最好办法就是在各方面向革命者让步,准许他们自行安排,按照他们认为更好的方案安排。但我同样坚信,这样的建议,如果我提出来的话,只能被当作我完全疯了的表现来对待。因此,尽管我完全明白,政府的这种骇人听闻的活动继续下去只会坏事,而不能改善现状,但我既不打算写出,也不打算讲出这一建议。

又过了将近一个月,我的假定不幸越来越被证实了。死刑、屠杀和掠夺越来越多。我从人们的谈话中和偶尔翻阅的报纸上得知这一点。我也知道,人民和社会对政府的情绪变得越来越敌对。

前两天在我散步的时候,有一个坐在农民大车上与我顺方向而行的年轻人,从车上跳下来,走到我跟前。

这个人个子不高,留一撮淡褐色的小胡子,聪明而不和善的面孔带有不健康的颜色,目光沮丧。

他穿一件破旧的皮夹克和一双高统皮靴。头上戴着一顶蓝色的有直盔头的制帽,正像别人给我解释的,这是时髦的革命服装。

他向我讨小册子,显然是作为交谈的借口。

我问他从哪里来。

一
原文
一

他是我们附近村子里的农民,不久前那里的许多被关进监狱的农民的妻子曾来找过我。

我很熟悉这个村子。我曾带去法定的识字课本,总是特别欣赏漂亮而机灵的当地居民。在我的小学校里,特别有才华的学生都是从这个村子来的。

我问起那些关在监狱里的农民的情况。他以一种近来我遇见的人都有的不容置疑的坚信态度说,所有的事都要归咎于政府。他告诉我,这些农民无缘无故地给抓去,打得遍体鳞伤,并且关进了监狱。

费了很大的劲我才从他那儿打听清楚,到底给这些农民定了什么罪。

原来,如他所说,他们都发表过演说,召集过群众集会,会上讲了没收土地的必要性。

我说,要确立一切人对土地的平等权利,只有使土地再也不做任何人的私有财产,而不能采取土地收归国有或者其他任何强制手段。

他不同意这个看法。

他说:"为什么呢?只要组织起来就行。"

我问:"怎么组织起来?"

"到时候就清楚了。"

"怎么,又是武装起义吗?"

"这是可悲的必然。"

我讲了在这种场合我经常讲的道理,就是用恶不能战胜恶,战胜恶只能通过不参与暴力的途径。

"可是已经到了活不下去的地步,没有工作,没有土地。出路何在?"他皱着眉头瞧了我一眼说。

我说:"从年龄来说,我可以做您的爷爷了,我不和您争辩。只是有

原文

一点我要告诉您这个刚刚开始的年轻人:如果政府的所作所为是不对的,那么你们的所作所为,或者准备做的事同样是不对的。您,作为一个正在形成习惯的年轻人,只需要好好过日子,不犯罪,不违背上帝的律法。"

他不满地摇摇头。

"每个人有自己的上帝,千百万人就有千百万个上帝。"

我说:"不管怎么样,我还是劝您停止干革命。"

他回答说:"到底怎么办?总不能老是忍耐、忍耐吧,到底怎么办?"

我觉得,我们的谈话不会有什么结果,就想离开,但他留住了我。

他说:"您能帮助我订一份报纸吗?"

我拒绝了他,并且带着沉重的感觉离开了他。

这个人已经不是失业的手艺人,现在有成千上万的手艺人在俄国各地流浪。他是住在农村的种地的庄稼人。

回到家中,我发现家里人也处于同样沉重的情绪中。他们刚刚看过新收到的报纸(这是10月6日的事)。

女儿对我说:"今天又有22个人被处死。这简直是骇人听闻。"

我说:"不仅骇人听闻,而且荒诞之至。他们干得越来越不像样了。"

"那么到底怎么办?总不能让这些杀人抢劫者逍遥法外吧。"不知道谁说了在这种场合常说的话,我已经听到过许多次了。

"到底怎么办?"这句话正是那两个从果园出来的流浪汉和今天那个农民革命家对我说过的。

"不能乖乖地忍受既危害国家,又危害人民的道德沦丧的政府所制造的疯狂惨剧。我们对我们必须采取的措施也感到反感,但是到底怎么办?"第一种人,即革命者,这样说。

一
原文
一

"不能允许那些自称是组织者的人夺权,并且按照自己的意思治理俄国,败坏俄国,毁灭俄国。当然,暂时采取的措施是严厉的,但是到底怎么办?"另一种人,即保守分子,这样说。

于是,我想起了和我接近的革命者,和我接近的保守分子,今天这个农民,还有那些定购和制造炸弹,杀人抢劫的不幸的、误入歧途的革命者,以及批准、组织战地法庭,在那里开庭、枪毙人、吊死人的同样不幸、同样误入歧途的人们。而这两种人都想使自己相信,他们所做的一切都是应该的;同时他们又都重复着同样的话:"到底怎么办?"

"到底怎么办?"这两种人都这么说,但他们说这话意思并不是问:我到底怎么办? 而是说,如果我们不再干我们所干的事,那么大家的境况更要糟糕得多。

所有的人都如此习惯于这个奇怪的问题,其中包含了对最骇人听闻、最伤天害理的行为的解释和辩护,以致没有一个人想到问一问:"你这个问'怎么办?'的人,到底是什么人? 你怎么有权通过所有的人,包括你自己,都认为是可恶的行为来安排别人的命运呢? 你怎么知道,你所想要改变的恰恰应该改变成你觉得是好的样子,或者你想要保持就一定必须保持它原有的样子? 要知道,有许多像你一样的人,他们认为是不好的、有害的,而你却认为是好的、有益的。而且你怎么知道你所做的事会产生你所预期的后果,虽然你不会不知道,那些后果,特别是在涉及各民族生活的事业中的后果不完全违反他们为之而干的目的。而主要的是,你有什么权力去做违背上帝的律法的事情,如果你承认上帝的话;或者说违背全世界最通行的道德法则,假如你除了通行的道德法则以外,不承认任何法则的话。你根据什么权利自认为不受这些最普通、最不容置疑的全人类通行的法则管束,这些法则与你的革命事业和你的政府事业都不相容。"

原文

如果你真的是作为问题，而不是作为辩护提出"怎么办？"这个问题，而且把这个问题理所应当地跟自己联系起来，那么，答案本身就是最简单明了的。答案在于，你不应该想象自己作为沙皇、部长、士兵，或者某个革命委员会、武装起义的工人战斗队的代表和成员必须做什么事，而应该作为一个人按其本性去做那个把你送到这个世界上来的力量要求于你的事。这个力量为着自己的某些目的才赐予你清晰明确的律法，铭刻在你和所有人的良心上。

对"到底怎么办？"这个问题可以回答：所有的人永远只应该去做上帝经常要求于一切人的事，使那种荒诞的、引向犯罪的迷雾立即消散，因为人们在迷雾的笼罩下不知为什么以为他们才是千百万人中的一批佼佼者（其实他们是迷误最深，背离生活的正确道路最远的人），仿佛正是他们应该决定千百万人的命运，并为了这千百万人的可疑的幸福，去干那些给千百万人造成不是意料中的，而是明显可见的灾难的勾当。

存在着为一切有理性的人们所公认的普遍的法则，它由传说，由各民族的宗教，由真正的科学，由每个人的良心所证实。这一法则的内容是，一切人为了同样完成自己的使命和达到最大的幸福都应该相互帮助，相互爱护，至少不应该蓄意侵犯别人的自由，谋害别人的生命。可是出现了一批人，他们相互分派各种角色，一些人被看作国王、部长、士兵，另一些人是各种委员会和团体的成员。而且人们如此认真地进入自己的角色，以致忘记原来的实际的职位，还使自己和别人不相信完全不必遵循普遍的法则，有时甚至可以并且应该违背这一法则，而违背永恒法则会给个人和人类社会带来比遵守理性的、对一切人来讲是最高的普遍法则的人更多的幸福。

在规模庞大、组织复杂的工厂里工作的工人从厂主那里得到明确的为他们制定的规章条例，知道为了工厂的工作顺利进行，也为了个人

原文

的福利,他们应该做什么,不应该做什么。可是出现了一批人,他们丝毫不懂得工厂是如何进行生产的,却要工人们相信,他们应该停止做由厂主批准的事情,而去做完全相反的事情,这样工厂才能正常运转,工人才能得到更大的福利。

……

我知道,对于相信自己所扮的角色有实际意义的人来讲,这个简单明了的答案会显得抽象而不实际。这些人认为可行的答案在于,那些对自己行为的后果一无所知,也不知道在一小时后自己是否还活着,却清楚地知道任何屠杀和暴力都是恶的人,毕竟还是需要借口建树设想中的别人的未来幸福而去做他们自己似乎知道可能产生什么后果的事,而且做出他们仿佛一点也不懂屠杀人折磨人是恶、只知道必须有这样或那样的帝制,这样或那样的宪法的样子。

许多丧失明确的人类天赋和使命感的人会是这样,但我想,因目前各种惨剧和罪行而感到痛苦的绝大部分人,最终总会识破认为人压迫人合法、是善行的人们陷身其间的可怕骗局,而一旦识破这一骗局,他们就将永远摆脱参与暴力或屈服于暴力的疯狂状态和犯罪行为。只要所有的人能够明白,人人应该永远只做一件事:执行主宰宇宙的本源要求于人的事。任何一个没有丧失理智和良心的人,一旦忘记自己的一切社会地位——部长、警察、好斗的或不好斗的党派的主席或一般成员,都不会意识不到这个要求。这样一来,非但不再会有充满人类生活,特别是现在充满俄国人生活的惨剧和灾难,而且还会有地上的天国。

哪怕只有一部分人照这样行事,那么这样的人越多,世上的恶就越少,而人类的心灵急切盼望的天国也就会越早实现。

(1906 年 10 月)

(倪蕊琴 译)

| 注 释 |

① 小册子：指宣传托尔斯泰主义的小册子。托尔斯泰经常免费送给普通老百姓。

| 赏 析 |

在《到底怎么办？》一文中，托尔斯泰阐述了他"不以暴力抗恶"的思想。他认为，"用恶不能战胜恶，战胜恶只能通过不参与暴力的途径"；提出了一条"为一切有理性的人们所公认的普遍法则"，即："一切人为了同样完成自己的使命和达到最大的幸福都应该相互帮助，相互爱护，至少不应该蓄意侵犯别人的自由，谋害别人的生命。"他揭露沙俄统治阶级的罪恶，但他不支持以暴抗恶，主张道德上的自我完善，提倡基督教的博爱。这是一种属于托尔斯泰自己的宗教博爱思想，人们称之为"托尔斯泰主义"。

在托尔斯泰看来，国家的存在是人类有史以来最大的邪恶，它的荒谬之处就在于仅凭着少数执政者的意志就将成千上万的人民划分成不同的甚至敌对的阵营。托尔斯泰通过对生活中见惯不奇的事情的分析，将人们引入对生命意义的深入思考，而其终极理想是使人类在自我完善的基础上走向大同，走向博爱的上帝之国。托尔斯泰试图用天真的方法来医治这个病态的失去理智的世界，作为俄罗斯帝国一切秩序的愤怒和勇敢的揭发者，托尔斯泰同时也是暴烈的革命斗争的坚决反对者，反动的宗教哲学学说的创始人。他宣传与生活中的痛苦和社会贫困的消极妥协，以及对革命者如同对犯错误和误入歧途的人的那种不信任态度。他用勿以暴力抗恶的哲学来对抗革命行动，用按照福音书教导的"己所不欲，勿施于人"的原则培养新人来对抗政治活动，用新的宗教世界观来对抗社会主义。

赏析

在托尔斯泰看来,"老爷"即统治阶级也好,"革命者"即那些旨在通过革命斗争来消灭当代社会制度的人也好,同样阻碍着他的建立基督教社会的理想。摆脱他们的唯一办法是通过道德"复活"或"意识革命",用基督教的精神不断地自我完善,自我教育,这样就能使私有者自愿放弃自己的私利和特权,消灭剥削,使国家机器连同它的暴力和压迫机关没有必要存在,于是暴力冲突的危险就消除了。在托尔斯泰的概念里,社会的改造问题变成了单纯的道德问题。

但是,在托尔斯泰身上有着一种斗士的叛逆精神。无论他的宣扬顺从的说教,还是勿抗恶的学说,都不能摧毁和扑灭这种精神。他的一生都在执著追求人生的真谛,一直在苦苦思索社会上层与下层、地主与农奴之间的隔阂与矛盾,他试图创建一种为俄国普通民众所接受的思想体系,以期拯救日益颓败的俄国与整个人类精神。但是理想与现实的巨大落差给晚年的托尔斯泰带来了深深的困扰,他所处的贵族庄园成为他实现平等观念的一个牢笼。终于有一天,托尔斯泰再也无法面对自己对自己的谴责,在1910年冬季的一个深夜,83岁高龄的托尔斯泰悄然离家出走,寻求肉体与精神的解脱。年老体弱的他在途中不幸病倒。当他被众人拥护着照顾时,他却哭泣着说:"大地上有成千上万的生灵在受苦,你们为什么都在这里只照顾一个托尔斯泰?"一周之后由于肺炎,托尔斯泰溘然长逝于一个凄凉的小火车站。这位俄罗斯的良心,苦难大地上的儿子,在生命的最后时刻依然发出了高亢的拯救之音。高尔基曾说过,托尔斯泰哪怕多活一天,也是这世界的财富。

罗曼·罗兰在《托尔斯泰传》中这样结尾:

"托尔斯泰并不向那些思想上的特权者说话,他只说给普通人听。

"他是我们的良知。他说出我们这些普通人所共有的思想,为我们不敢在自己心中加以正视的。而他之于我们,亦非一个骄傲的大师,如那些坐在他们的艺术与智能的宝座上,威临着人类的高傲的天才一般。

原文

"他是——如他在信中自称的,那个在一切名称中最美,最甜蜜的一个——'我们的兄弟'。"

(杜凤娇)

忏悔录

| 作品提要 |

我从小接受了东正教的洗礼和教育,但在十八岁时脱离正教信仰,一心追求自我完善。在形形色色的罪恶中我度过了青年时代,成了一名作家。婚后我开始追求家庭的最大幸福,这样过去了十五年。这时,我感觉我的生命停顿了,我不知道生命的意义是什么,只知道它的结局是令人恐怖的死亡,我绝望得想要自杀。我在各种知识和我所属阶层的生活中都找不到关于生命意义的答案,最后我转向人民大众的生活,从中我看到了人民的宗教信仰的力量。在反复的思索中,我领悟到认识上帝和生命是一回事,于是我重归童年的正教信仰。然而正教尤其是官方教会表里不一的行径、刻板的礼仪,终于使我确信,教义中有真理也有谬误,我决定不再采取盲信的态度,而是努力区分真理和谬误,寻找真正的信仰。

| 作品选录 |

有机会我要讲一讲我的生活史,我青年时代十年的生活史既感人,又有教益。我看,许许多多人都有同样的体验。我真心诚意想做一个好人,但我年轻,有多种欲望。当我追求美好的东西时,我茕茕一身,十

原文

分孤单。每当我企图表现出构成我最真诚的希望的那一切,即成为一个道德高尚的人,我遇到的是轻蔑和嘲笑;而只要我迷恋于卑劣的情欲,别人便来称赞我,鼓励我。虚荣、权欲、自私、淫欲、骄傲、愤怒、报复——所有这一切都受到尊敬。沉湎于这些欲望,我就像一个成年人了,我便感觉到别人对我是满意的。那位抚养过我的善良的姑妈,一个非常纯洁的人,老是对我说,她最希望我与有夫之妇发生关系:"Rien ne forme un jeune homme comme une liaison avecune femme comme il faut."(法语:"没有什么能比与一个体面的妇女发生关系更能使年轻人有教养的了。")。她希望我还能得到另一种幸福,即成为副官,最好是皇帝的副官。而最大的幸福是我和一位非常富有的姑娘结婚,并因此而获得奴隶,越多越好。

想到这几年,我不能不感到可怕、厌恶和内心的痛苦。在打仗的时候我杀过人,为了置人于死地而挑起决斗。我赌博,挥霍,吞没农民的劳动果实,处罚他们,过着淫荡的生活,吹牛撒谎,欺骗偷盗、形形色色的通奸、酗酒、暴力、杀人……没有一种罪行我没有干过,为此我得到夸奖,我的同辈过去和现在都认为我是一个道德比较高尚的人。

我这样过了十年。

当时我出于虚荣、自私和骄傲开始写作。在写作中我的所作所为与生活中完全相同。为了猎取名利(这是我写作的目的),我必须把美隐蔽起来,而去表现丑。我就是这样做的。有多少次我在作品中以淡漠,甚至轻微的讽刺作掩护,千方百计地把自己的、构成我的生活目标的对善良的追求隐蔽起来。而且我达到了目的,大家都称赞我。

从那里回来以后,我结了婚。幸福的家庭生活的新环境已经使我完全撇下了对生命的总目的的任何探索。在这段时期,我的全部生活都集中在家庭、妻子、孩子,以及如何增加生活资料方面。对完善的追求早已被对一般的完善和对进步的追求所代替,而现在又赤裸裸地被追求我家庭的最大幸福所代替了。

就这样又过了十五年。

尽管在这十五年间,我认为创作毫无意义,我还是继续创作。我已经尝到了创作的甜头,尝到了花微不足道的劳动而换取大量稿酬和赞赏的甜头,于是我全力以赴,把它作为改善自己的物质条件和抹杀内心存在的关于自己的和一般意义上的生活目的的任何问题的手段。

我创作,以我所认识到的唯一的真理,即应该活得使自己和家庭尽可能地幸福,来教育大家。

我这样活着,但是五年前我身上开始出现一种奇怪的现象。起先,我有些迷惑不解,生命停顿了,似乎我不知道我该怎样活着,该做什么,我惶惶不安,心情抑郁。但这种时候一过去,我还像原来一样活着。后来,迷惑不解的时刻越来越频繁,而且总是具有相同的形式。这种生命的停顿常常以相同的问题表现出来:为什么?那么以后会怎样?

起先我以为,这不过是一些无目的的、不恰当的问题。我以为,这一切并不新奇,如果我有时间而且愿意解决这些问题,那并不需要花费很多气力,现在仅仅是因为我没有时间来考虑,要是我愿意,我一定能找到答案。但是这些问题越来越频繁地出现,越来越强烈地要求回答,这些缺乏答案的问题,就像一颗颗小点子落在一个地方,聚集成一个大的黑点。

出现了像每一个内部患有不治之症的病人身上常见的现象。起先只有一点儿不舒服,病人也不很注意,后来症状日益发展,变成了一种无休止的痛苦,痛苦日益加剧,不用多久,病人已经意识到,他原先认为是小毛病的征兆,对他来说竟是世界上最重大的事情,这就是死亡。

这一切在我身上也发生了。我知道这不是偶然的不舒服,而是某

原文

种非常重要的现象。我知道,如果这些问题老是提出来,那就应该回答它们。因此我企图回答。这些问题看起来是那样愚蠢,简单,幼稚。而一旦接触它们,并企图解决,我便确信:第一,这不是幼稚和愚蠢的问题,而是生活中最重要、最深刻的问题;第二,不管我如何绞脑汁,我都无法解决它们。在管理萨马拉的田产、教育儿子、著书立说之前,应该知道我做这些事的目的。在目的不明确之前,我是什么也不能做的。我对产业的一些想法当时非常吸引我,可是在这些想法中间,突然会冒出这样一个问题:"那么好吧,你在萨马拉省拥有六千俄亩土地,三百匹马,那又怎样呢?"我完全呆住了,不知道怎样想下去。或者当我考虑怎样教育孩子的时候,我会对自己说:"为了什么目的?"或者,当我谈论人民如何能得到福利的时候,我会突然对自己说:"与我有什么关系?"或者,当我想到我的作品给我带来的那种荣誉的时候,我会对自己说:"好吧,你的声誉比果戈理、普希金、莎士比亚、莫里哀,比世界上所有的作家都高,那又怎么样?……"

我什么都不能回答。

我的全部生命停顿了。我能够呼吸、吃、喝、睡觉,而且不能不呼吸、吃、喝、睡觉,但是生命不存在了,因为满足任何愿望在我看来都是不合理的。如果我想要什么,那么我预先就知道,无论我这个愿望能否满足,都不会产生什么结果。

如果一个女巫跑来,答应我满足我的愿望,我会不知道说什么。如果在不清醒的时候我有的不是愿望,而是原先的愿望的习惯,那么在清醒的时候我知道,这是幻觉,没有什么可希望的。我甚至不能希望认识真实,因为我是悟出来的。真实的是,生命毫无意义。

我似乎是在经历了漫长的生活道路之后,走到了深渊的边上,并且

原文

清楚地看到,前面除了死亡以外,什么也没有。欲停不能停,欲退不能退,闭眼不看也不行,因为不能不看到,前面除了生命和幸福的幻象,真正的痛苦和死亡——彻底灭亡以外,什么也没有。

生命已经使我厌烦,某种难以克制的力量诱使我找机会摆脱它。不能说我想自杀。诱使我摆脱生命的力量比生的欲望更强大,更充沛,更带有一般性。这种力量和原先求生的力量相仿佛,只不过方向截然相反罢了。我竭尽全力要抛弃生命。自杀的念头自然而然地产生了,就好比过去产生过改善生命的念头一样。这个念头的诱惑力很强,为了避免贸然实现这种想法,我不得不采用一些巧妙的办法来对付自己。我之所以不愿意仓促行事,只是因为希望全力以赴地去解开这个疙瘩!我对自己说,如果疙瘩解不开,再干也不晚。因此,那时候,我——一个幸福的人——在自己的房间里(我每天晚上一个人在这里)脱下衣服就把带子拿出去,生怕会吊死在衣柜的横梁上。我也不再带猎枪打猎了,因为担心不能控制自己而用这种极简便的办法摆脱生命。连我自己也不知道我要什么,我害怕生命,力图摆脱它,同时又对它抱有某种希望。

这些情况发生在我从各方面都得到了所谓完美幸福的那个时期,那时我还不到五十岁。我有一位善良的、体贴的、可爱的妻子,一群好孩子,巨大的田产,我不花气力它也在不断地发展,扩大。我受到亲戚朋友们的尊敬,比过去任何时候更加为人称颂,我可以认为(这不是一种特殊的自我陶醉)我有名望。同时我的肉体、精神都没有病,相反,我的力量——精神的也好,肉体的也好,在与我同年龄的人中间是少见的。拿体力来说,我能刈草,不会落在庄稼人后面;在智力方面,我能连续工作八至十小时,不会因为这样紧张工作而产生不良的后果。就是在这种情况下,我得出了活不下去的结论。因为怕死,我只好采用一些巧妙的办法来对付自己,以免扼杀自己的生命。

原文

　　这种心理状态在我是这样表现的：我之所以有生命，是某一个人对我开了一个荒唐而恶毒的玩笑。虽然我从来也不承认"某一个人"创造了我，但是这种思想模式，即某一个人把我送到尘世上来是对我开了一个荒唐而恶毒的玩笑，是我的最自然的思想模式。

　　我情不自禁地想象，在我不知道的某个地方，有一个人，他冷眼看着我生活了整整三四十年，看着我一面生活，一面学习、发展，肉体上和精神上都逐渐成长；而现在，当我在智力方面已经完全成熟，登上生命的顶峰，全部生命的奥秘已经一览无余的时候，我却傻乎乎地站在这个顶峰上，清楚地懂得了生命的空虚，过去、现在、将来都是子虚乌有，——这个人一定觉得挺开心。"他觉得好笑……"

　　这个嘲笑我的人存在也罢，不存在也罢，我都不会因此觉得轻松一些。我不能认为我的任何一种行为，乃至我的全部生命是合理的。使我惊讶的只是，我如何未能一开始就理解到这一点。这一切早就是尽人皆知的了。不用多久，疾病和死亡就会落到（也已经落到）心爱的人和自己身上，除了尸臭和蛆虫以外，什么也不会留下来。我的事业，无论是怎样的事业，会被统统忘掉——或迟或早，连我本身都不会存在。那么又何必忙碌呢？一个人怎能对此视而不见，并且活下去——真令人吃惊！只有陶醉于生命的时候才能够活下去，而头脑一清醒，就不能不看到，这一切都是幻觉，而且是荒唐的幻觉！正是这样，一点儿可笑和俏皮的成分也没有，简直就是残酷和荒唐。

　　很久以前就流传着一个东方寓言，讲一个旅行者在草原上遇着一头猛兽。为了躲避猛兽，旅行者跳入一口枯井，但他看到一条龙伏在井底，张开大口要吞噬他。于是这个不幸的人，既不敢爬出来，怕被猛兽咬死，又不敢跳下井底，怕被龙吞掉，只好抓住长在井壁裂缝中的野生树杈子，吊在上面。他的手劲快用完了，他感到，他不久就要听任在两

原文

边等着他的死神的摆布,但他一直坚持着,他环顾四周,看到有两只老鼠,一只黑的,一只白的,在他抓住的那根树杈上从容地爬着,啃着。眼看这树杈子就要折断,他掉下去必然落入龙口。旅行者看到这一点,而且知道,他难免一死。但当他还吊在树杈上的时候,他四下张望,发现树叶上有几滴蜜,于是就伸出舌头舔蜜。我也是这样挂在生命的枝丫上面,知道那条准备把我撕裂的龙一定在等着我死,而且不理解为什么我会遭到这样的折磨。我也想吮吸原来使我感到快慰的蜜,但那几点蜜已经不能使我高兴了,而白鼠和黑鼠,即白天和黑夜,都在啃着我牢牢抓住的树枝。我清楚地看到龙,蜜对我来说也不甜了。我看到的只有躲避不了的龙和老鼠,而且也不能把我的视线从它们身上移开。这不是寓言,而是真实的、无可辩驳的、每个人都能理解的真理。

原先的生的乐趣的幻觉曾经掩盖了对龙的恐惧,现在却不能欺骗我了。不管多少次对我说:你不能理解生命的意义,别去想了,活下去吧,但我都不能这样做,因为过去我这样做得实在太久了。现在我不能不看到,交替着的白天黑夜在引我走向死亡。我只看到这一点,因为只有这一点是真实,其余的一切都是谎言。

对于家庭的爱情和对于被我称之为艺术的创作的爱好是两滴蜜,它们比其他的蜜更长久地使我看不到严酷的真实。现在我已经不觉得这两滴蜜是甜的了。

我记得是一个早春,我独自在森林里,倾听着森林的音响。我倾听着并思索着一个问题,那就是我在最近三年内经常思考的老问题。我又在寻找上帝。

"好吧,什么上帝也没有,"我对自己说,"没有一个上帝不是我的想象,而是与我整个生命相同的现实。没有这样的上帝。也没有什么东

原文

西、没有任何奇迹能够证明这个上帝,因为奇迹也是我的想象,而且是不合理性的。"

"可是我的关于上帝的概念,我所寻找的东西的概念呢?"我问自己。"这种概念从何而来呢?"想到这里,生命的欢乐的波涛又一次在我内心高涨起来。我周围的一切都有了生气,获得了意义。但我高兴得并不长久。理智继续工作。"上帝的概念不是上帝,"我对自己说。"概念是我头脑中产生的,上帝的概念是一种我可以促使它产生或不使它产生的思想。这并不是我寻找的东西。我寻找的是生命不可缺少的东西。"于是我周围的一切又开始死亡,我又想自杀了。

这时我回顾一下自己,回顾在我身上发生的一切,我想起这种死亡和复活在我身上出现过几百次。我记得,只有在我信仰上帝的时候,我才活着。和以前一样,现在我对自己说:"只要我体会到上帝,我就活着;只要我忘记他,不信仰他,我就死亡。"这些复活与死亡是什么呢?当我对上帝的存在失去信心的时候,我便不是活着,如果我没有能找到上帝的模糊希望,那我早就自杀了。只是我感觉到他和寻找他的时候,我才活着,真正地活着。"那么我还寻求什么呢?"我心里有个声音叫道。"他就在这儿。他是生命不可缺少的东西。认识上帝和生命是一回事,上帝就是生命。"

"活下去,寻找上帝,没有上帝的生命便不会有了。"我心中和我周围的一切从来没有这样亮堂过,这光明从此没有离开过我。

我摆脱了自杀的念头而得救。这一激变在我身上是何时又是如何完成的,我说不清楚。生命的力量在我身上不知不觉地、逐渐地消失,我得出了不可能活下去、要使生命停顿、要自杀的结论。生命力量的恢复也是这样,是逐渐的,难以觉察的。而且很奇怪,在我身上恢复的生命力量不是一种新的,而是最老的——就是在我生命的初期吸引着我

原文

的那种力量。我在一切方面又回到最初的,童年和青年的时代。我回复到对一种意志的信仰,这种意志使我诞生并对我抱有希望。我回复到我生命的主要的和唯一的目的:成为更好一些的人,即生活得和这种意志更相一致些。我回复到能够从全人类在我所不了解的远古时代为自己制定的指导原则中找到这一意志的表现,也就是说,我恢复了对上帝、对道德完善、对表现了生命意义的传说的信仰。区别仅仅在于,以前这一切都是不自觉地被接受的,而现在我认识到,如果没有这一切,我便不能生活。

我似乎有这样的经历:我记不得在什么时候被人们安置在一条小船上,又被他们推开陌生的河岸,向我指明到达对岸的航向,把桨给了我这个没有经验的人,由我一人做主。我拼命划桨,船向前漂去。我越是临近河心,水流就越加急湍,使我远离目标。我遇到的和我一样被激流带走的划手也越来越多了。少数几个划手继续在划桨,有的把桨也丢开了。一些满载着人的巨轮,有的在与激流作斗争,有的则听天由命。我越是向前划去,发现顺流而下的划手越多,我就常常忘记给我指明的航向。到了激流中心,挤在顺流而下的大小船只中间,我已经完全失去了航向,也停止了划桨。我四周的划手兴高采烈,欢声雷动,扯起帆,划着桨,顺流而下,要我相信并互相证明不可能有另外的航向。我相信了他们,和他们一起漂了下去。我漂得很远,已经听到了石滩激流的响声,我必然会在石滩上撞得粉身碎骨,我也已经看到了撞翻在石滩上的船只。这时候我才清醒过来。我久久不能理解我身边发生的事情。我看到在我面前只有死亡,我向它奔去,但又害怕,看不到一点儿出路,也不知道我该怎么办。可是,我回头一看,就发现无数小船不停地、顽强地破浪前进,这时候我想起了岸、桨和航向,于是我就往回划去,逆流而上,驶向岸边。

原文

一

岸就是上帝,航向是传说,桨是赋予我的划向彼岸的自由,即与上帝结合的自由。这样,生命的力量在我身上复苏了,我重新开始生活。

这是我三年前写成的。

由于现在重读印出来的这一部分,我常常回想我当时的思路和感觉,因而最近做了一个梦。我认为这个梦以精练生动的形式表现了我所体验过的和描述的全部内容,因此我想,对于已经理解我的人们来说,叙述这个梦将使写得冗长、占了很大篇幅的内容汇成一个统一体,易于理解,形象鲜明。这个梦是这样的:我发现我躺在床上。我既不感到舒服,也不觉得难受,只是仰面躺着。但我开始思考,我躺着是否舒服,我就觉得腿上似乎不大舒服,不知是床短了些,还是不平,总之是有点不舒服。我挪了挪腿,同时又开始想我从来没有想过的问题——我躺得怎样和躺在哪儿。我察看了床垫之后发现,我睡在系在床沿边上的、由绳索编成的吊带上。我的脚搁在一条吊带上,小腿在另一条吊带上,因而腿感到不舒服。我不晓得怎么会知道这些吊带是可以移动的。我用两脚将靠边的一条吊带推远些。我觉得,这样可能舒服一点。但我把它踢得太远了,想用脚把它攫住,但这个动作使得小腿下面另一根吊带也滑掉了,于是我的两腿悬空了。我挪动全身,想躺得好些,我也充满信心,以为马上可以弄好。可是挪动一下以后,我身子下面的一些吊带滑掉了,也弄乱了,我看到事情很糟糕。我身子的下半部向下滑去,悬空挂着,两脚也不着地。我只是依靠脊背的上半部支撑着,我不仅觉得不舒服,甚至有点毛骨悚然。这时候我才问自己我从来没有想过的事。我问自己:我在哪儿,躺在什么上面?我开始环顾四周,首先朝下看,看我的身子悬空挂着的地方,看我即将掉下去的地方。我朝下一看,简直不相信自己的眼睛。我不是处在高耸入云的塔顶或山巅那

原文

样的高度上,而是处在我从来也无法想象的高度上。

我甚至不清楚,在那下面,在我悬空挂着也能掉下去的无底深渊中,我看见了什么。我的心紧缩起来,我感到恐惧。朝那儿看很可怕。如果我朝那儿看,我感到,我将从最后几根吊带上滑下去摔死。我不去看,但不看更糟,因为我在想,如果我从最后几根吊带上滑下去的话,结果会怎样。而且我感到,因为恐惧,我正在失去最后的支持点,慢慢地从背上往下滑去。只要一瞬间,我就会掉下去。这时候我产生一个想法:这不可能是真的。这是一个梦。快醒过来吧。我拼命想醒过来,但我做不到。怎么办?怎么办?——我问自己并向上看去。上面也是深邃无底。我看着深邃莫测的天空,竭力忘却下面的无底深渊,真的,我渐渐忘了。下面的无限性使我讨厌和害怕,上面的无限性使我感兴趣和坚定。我就这样靠我身子下面几根尚未滑掉的吊带悬挂在深渊之上。我知道我挂在空中,但我只看上面,我的恐惧便消失了。像通常在睡梦中那样,有个声音说:"注意,就是这个!"于是我一直看着深邃莫测的天空,感到内心平静下来,记得过去的一切,也想起了这一切是如何发生的,我怎样挪动双脚,怎样挂在空中,怎样通过观察天空摆脱了恐惧的感觉。于是我问自己:现在怎样了?我还像过去那样挂在空中吗?我不是察看四周,而是以全身去感觉我所依靠的支点。我发现,我已经不是悬空挂着,也不往下掉落了,而是稳稳当当的。我问自己,怎么会稳当的,我摸索着,察看周围的情况,我看见,在我下面,我身子的中央有一根吊带,当我向上看的时候,我躺在吊带上保持了最稳定的平衡,原先就是躺在这条吊带上的。这时候,像在睡梦中常有的那样,我觉得我躺在上面的那种办法非常自然,明白,不容置疑,虽然在现实中这种办法是毫无意义的。我在梦中甚至感到惊讶,我以前怎么会不理解。原来在我床头有一根柱子,这根柱子的牢固性是毫无疑问的,虽然这根

一 原文 一

细长的柱子并没有任何支架。后来又发现从柱子上挂下来的绳圈似乎做得很巧妙,同时也很简单,如果身子的中段躺在绳圈上并向上看,那么根本不会产生往下掉的问题。这一切对我来说非常清楚,我很高兴,也安心了,好像有人对我说:你可要小心,要记住。于是我就醒过来了。

(冯增义 译)

赏析

歌德在自传《诗与真》中说,他的所有作品都只是他巨大的忏悔录的一些片断,而《诗与真》则是将这些片断集中起来的一种努力。同样的说法也可用于托尔斯泰的《忏悔录》。托尔斯泰的作品有很强的自传性,高尔基就认为托尔斯泰作品中的主人公涅赫柳多夫、奥列宁、彼埃尔、安德烈及列文等人都是作者自己的艺术肖像,是他精神发展不同阶段的艺术化身。如果说托尔斯泰的作品代表着他不同阶段的思想探索,那么《忏悔录》就是这些探索的集中表现,是对托尔斯泰本人近五十岁时思想转变的直接描述。

像一般的忏悔录一样,托尔斯泰在这部作品中承认了自己一些不为人知的罪过,对自我进行了解剖和反思。不过,这些只是《忏悔录》的一部分,更重要的内容是托尔斯泰对生活意义、人生目的的探索及其特定信仰形成过程的记录。《忏悔录》是托尔斯泰后期作品的一个导言,揭示了他精神世界之变化及新信仰之诞生的心理轨迹,并向人们宣告了他所发现的真理。从自传的角度看,它属于一部注重描写内心生活而非外部经历的精神自传。

在《忏悔录》里,托尔斯泰记录了他人生中一次最深刻的精神危机的产生、发展和解决的过程。这一危机始于托尔斯泰婚后的第十五年,也就是他近五十岁的时候。托尔斯泰感到不断往前运动的生命忽然停顿了,仿佛一下子失去了目标和方向。托尔斯泰痛苦地感到必须要对人为什么活着、应该怎样活着,也就是人生的目的、存在的价值等问题作出回答。托尔斯

赏析

泰的可贵之处在于他回答这些问题不仅是为了他自己,而是为了整个人类。实际上,托尔斯泰对人生问题的探索很早就开始了,他也曾在作品中暴露出精神危机的萌芽,尤其表现在他笔下的那些探索型主人公身上,如涅赫柳多夫、列文、安德烈、彼埃尔,甚至安娜也有作者探索的影子。不过,与之前的精神危机相比,五十岁的这一次危机却表现得最为强烈,且直接影响到他的后半生。

托尔斯泰以一种孩子般的坦诚和率真对这些重大问题进行了艰苦的探索。在探索过程中,托尔斯泰的思想危机渐渐得到解决,在接近人民的过程中,他从信仰上帝中重获生命的意义,童年、少年时代的人生目标和理想在他的心中复活了。这是一次精神的重返之旅,但绝不是简单的重复,而是经过痛苦思索得出的结论:"我恢复了对上帝,对道德完善,对表现了生命意义的传统的信仰。区别仅仅在于,以前这一切都是不自觉地被接受的,而现在我认识到,如果没有这一切,我便不能生活。"

但是托尔斯泰的探索并未停止,他从人民的信仰中获得力量,对官方教会制度和陈腐的礼仪产生了深刻的怀疑。官方教会对一些重大问题的处理与托尔斯泰赖以生存的信仰基础截然相反,如为了维护沙皇俄国残酷而专制的统治,教会竟然公开赞许屠杀,这最后迫使托尔斯泰彻底断绝了与东正教的联系,他寻求自己的宗教。托尔斯泰的《忏悔录》的结尾是开放的,以一个梦结束。在梦中托尔斯泰努力寻找支撑点,否则他就会坠入万丈深渊,最后他找到一个使他不坠落的支柱。他仿佛听到有个声音说:"你可要小心,要记住。"这就是他得到的启示。托尔斯泰得到的启示是什么,他在《忏悔录》中没有说,但他以后的作品将会回答这个问题。

在托尔斯泰之前,西方自传史上有两部著名的《忏悔录》,即公元4世纪末前后基督教著名的神学家奥古斯丁的《忏悔录》和18世纪法国启蒙思想家卢梭的《忏悔录》。托尔斯泰的《忏悔录》与奥古斯丁、卢梭的作品有很多共通之处:他们的忏悔有着共同的文化背景——基督教思想根源;他们

赏析

都做到了坦然承认自己的罪过;都对自我的心灵进行深入的挖掘并本着一定的价值标准对自我的良知进行深刻的审查,对自我进行毫不留情的反省和批判等。在艺术表现力方面三部忏悔录也旗鼓相当,各放异彩。显然,托尔斯泰的《忏悔录》不可能不受到这两位先驱的影响,但同时,也对他们进行了超越并具有自己的鲜明特色。

托尔斯泰的《忏悔录》乍看似乎与奥古斯丁的《忏悔录》更为接近。和后者一样,托尔斯泰的《忏悔录》也是自己信仰历程的记录,且二者都偏重于哲理沉思而不是生平记述,从而与卢梭的《忏悔录》大相径庭。托尔斯泰对自己精神危机发生过程的描述与奥古斯丁对皈依前激烈的思想斗争的刻画在世界文学史上同属描写人的精神生活最有魅力的篇章。仔细玩味,两人却有很大不同。精神的自我和肉体的自我的对立和斗争是奥古斯丁忏悔的核心内容,他的忏悔叙述的是他如何摆脱尘世肉体自我的束缚最终获得宗教上精神自我之重生的故事。虽然托尔斯泰也存在这种灵与肉的斗争,但他最迫切的目标是探索人生的意义,终其一生,他都在努力寻找人生的终极真理和答案。奥古斯丁的问题不在于认识不到真理,而在于没有勇气放弃旧我获得新生。一个是有了目标该如何选择、如何行动,而另一个却始终在寻找目标。奥古斯丁的人生历程是经历罪走向信仰和光明,体现出典型的基督教天意观,他以一种获得新生的角度思考和回顾过去,充满了悔罪意识。托尔斯泰的《忏悔录》则是一个个探索阶段的记录,这些阶段不能用罪和错误来概括,只能说未能形成满意的答案。奥古斯丁的忏悔说明人的渺小和软弱,托尔斯泰的忏悔却表明人在不断探索的过程中精神境界的提高。

最重要的是,托尔斯泰的这一探索并不是听凭感情冲动或无条件地服从信仰和教义,而是以一种启蒙理性的怀疑精神进行探索。奥古斯丁在皈依基督教之前,对信仰问题长期采取的也是理性思考的态度,但在成为基督徒后他却逐渐以信仰代替了理性思考,他认为人无法以有限的理性来认知上帝,也不能靠自身的理性和意志获得拯救。托尔斯泰在探索中即使认

赏析

为自己已找到真正的信仰,仍然本着理性精神去检验自己的信仰,对其合理性进行思考,并在生活实践中加以衡量。正是官方教会所宣扬的教义和他的理性思考所产生的尖锐冲突,他所理解的福音教义和现实之间的深刻矛盾,最终使他和官方教会脱离了关系。所以别尔嘉耶夫指出:"托尔斯泰要把自己的宗教信仰建立在理性的基础上。"可以说,奥古斯丁是先信仰而后忏悔,托尔斯泰却是先认识而后忏悔。

托尔斯泰的自传性忏悔不是奥古斯丁的模式,而是要阐明他目前所达到的对宗教真理的理解,因而这部《忏悔录》尽管记录了托尔斯泰走向宗教信仰的思想探索历程,却缺少基督教意义上的忏悔精神,托尔斯泰对个体独立意识的强调更多地具有现代人的思想观念,精神气质上与卢梭有着内在的一致性,具有世俗化特点。卢梭在忏悔中不仅揭示自我,同时力图通过对自己的解剖向世人宣扬他所发现的关于人之本性的真理,而托尔斯泰也在忏悔中表达他对生命的意义的探索、不遗余力地向世人宣传他对上帝和《圣经》的理解。但托尔斯泰的忏悔又具有卢梭所缺乏的深厚的宗教情感和宗教信仰。托尔斯泰基于宗教观念所产生的强烈的罪感意识、对生活意义的艰辛探索、对道德完善的追求都是卢梭所没有的。

与奥古斯丁、卢梭的《忏悔录》相比,托尔斯泰的《忏悔录》还具有俄罗斯历史文化的特点,即他还在作品中忏悔自己所属阶层对人民犯下的罪行。托尔斯泰发现,他之所以找不到生活的意义,正是由于他和他的阶层过着腐化的、寄生虫般的生活,他决意与自己所属的阶层彻底决裂。托尔斯泰的这种忏悔不仅是个人的认罪和反省,也是一个群体、一类人的认罪和反省,因此个人忏悔转向了集体忏悔。这种忏悔明显具有18世纪以来俄罗斯知识分子的典型特征。

托尔斯泰明确地以探索人生意义和价值作为自己自传的主题,为自传写作注入了强烈的哲理气质。托尔斯泰的探索富有理性精神和世俗意义,张扬的是个体的精神和价值,同时又具有浓厚的宗教情怀和鲜明的俄罗斯

| 原文 |

民族文化精神特色。托尔斯泰的《忏悔录》以其独具一格的风格与奥古斯丁、卢梭的《忏悔录》并称世界三大忏悔录。该作品的语言具有早期基督教福音书简单朴实、多用譬喻的特征,这既是作者后期主张回归福音之基督教思想的文体表现,也与他接近民众的价值取向直接相关。

(曹　蕾)

托尔斯泰日记

| 作品提要 |

托尔斯泰的日记(1847—1910)主要记录作者从青年时代到临终前的人生历程和思想经历。内容既包括个人重大事件的记录,如托尔斯泰的文学事业的开端、婚恋、离家出走等,也包括他的创作经历,他主要的社会活动经历和对一些重要问题的看法等。日记的内容可划分为三个时期:青年时期(1847—1862),托尔斯泰不断反思自己的失误,最终确立以自我完善为自己的人生目标并在文学事业中找到自己的舞台;中年时期(1862—1878),托尔斯泰成婚后,进入创作黄金期,这一时期日记数量相对较少,主要记录了一些家庭生活;晚年时期(1878—1910),托尔斯泰经过思想的巨变,追求为整个人类谋幸福,他不遗余力地宣传托尔斯泰主义,由此带来难以排解的家庭纠纷,最终导致离家出走。

| 作品选录 |

一八四七年

四月[七日]　晨八时　我过去从不写日记,因为没看到日记有什么好处。现在我要培养自己在各方面的能力，根据日记我就可以判断这件事进行得怎样。日记里应该列出准则，还应该确定我未来的行动。[……]

四月十七日　这段时间我的行为不像我希望的那样，原因是，第一，我出院回家了；第二，社交更多了。由此我得出一个结论：每当情况改变的时候，必须十分认真地想一想，在新的情况下哪些外因会影响我，又如何消除这种影响。既然我出院回家会对我产生这种影响，那么我从过学生生活转为过地主生活又会对我产生什么影响呢？

生活方式的改变是必定会发生的。但要使这种改变成为心灵的产物，而不是环境的产物。在这里我碰到一个问题：人生的目的是什么？无论我从什么角度出发来谈这个问题，无论我认为这个问题的根源在哪里，最后我总是得出这样一个结论：人生的目的是尽一切可能促使一切存在着的东西得到全面发展。当我从自然界的角度来谈的时候，我看到自然界的一切都在不停地发展，它的每一个组成部分都在无意识地促进其他组成部分的发展。人类既然也是自然界的一个组成部分，而且是赋有意识的一个组成部分，那么同样应该像其他组成部分那样，不过是有意识地利用自己的精神天赋，努力使一切存在着的东西得到发展。当我从历史的角度来谈的时候，我看到整个人类始终在追求这个目的。当我从纯理性的角度来谈的时候，也就是只看人的精神天赋的时候，我在每一个人的心灵中都能发现这种无意识的追求，它是每一个人的心灵必不可少的要求。当我从哲学史的角度来谈的时候，我发现，无论何时何地人总是得出这样一个结论：人生的目的在于使人类得到全面发展。当我从神学的角度来谈的时候，我发现，几乎一切民族都承认至善，并且把努力达到至善看作一切人的目的。那么我大约可以正确无误地把有意识地使一切存在着的东西得到全面发展当作我的生

原文

活目的了。

如果我找不到自己的生活目的——一个总的也是有益的目的（益处在于一个不朽的灵魂得到发展以后自然会转变为至高无上的适合于它的存在物），那么我就是一个最不幸的人。现在我毕生都要积极地、不断地追求这个目的。

一八五一年

二月二十八日　我荒废了许多时间。起初沉湎于上流社会的种种乐事，后来又觉得灵魂空虚，耽误了正事，即以我自身为对象的工作。长期以来使我苦恼的是，我没有一种能够决定整个生活方向的来自内心的思想或感情，什么都是走着瞧。现在我似乎找到了来自内心的思想和恒久的目标，那就是增长意志。我早已开始向这个目标努力，只不过现在才意识到，这不是普通意义上的思想，而是与我的灵魂紧密地结合在一起的思想。［……］

三月二十日　［……］我发现我的癖好主要有两个，一是好赌，一是好虚荣，而虚荣心有数不清的表现形式，诸如要表现自己、轻率、不在意等等，因此更加危险。晚上把到莫斯科来以后写的日记看一遍，加注总的评语，并且清查在莫斯科的现金支出和债务。

我来莫斯科有三个目的。（一）赌博。（二）结婚。（三）谋职。第一件事既肮脏又低下。感谢上帝，我检查了自己的经济状况，并且抛开了世俗偏见，终于下决心卖掉一部分田庄以重振家业。第二件事依照大哥尼古连卡的聪明建议缓办，直到爱情，或者理智，或者甚至于是无法完全抗拒的命运迫使我去做才做。第三件事要在省里工作两年以后才办得成；而且，说真的，我虽然很想谋一个职位，但是又想做许多与此不相容的事情。因此，我还是等待命运来安排吧。［……］

原文

六月八日 [旧村] 爱情和宗教,这是两种纯洁的、崇高的感情。我不知道什么叫爱情。如果爱情像我读到的和听到的那样,那么我还从来没有体验过。以前季娜伊达在我眼里只是个贵族女子中学学生,我喜欢她,但是很少了解她(呸!文字真是个粗鄙的东西!它把感情表达得多么下流、蠢笨啊!)。这次我在喀山住了一星期。如果有人问我,为什么我要在喀山逗留,是什么使我感到愉快,为什么我那样幸福?我不会回答说,这是因为我落入情网。当时我对此浑然不觉。我以为,这浑然不觉正是爱情的主要特征,并且构成爱情的全部魅力。那个时期我的精神是多么轻松啊。我没有感觉到种种猥琐的欲望的压力,而那种压力会破坏生活中的一切快乐。我没有对她说过一句与爱情有关的话,但我确信她知道我的感情,如果她爱我,我只归因于她理解了我。一切内心情感的迸发起初都是纯洁的,崇高的。是现实毁灭了一切迸发出来的感情的无邪和魅力。我同季娜伊达的关系停留在两个灵魂彼此纯洁地渴慕的阶段上。季娜伊达,也许你怀疑我对你的爱,如果是这样,那么你就原谅我吧,是我不好,本来我只要说一个字就能够使你相信的。

难道我就再也见不到她了?难道有一天我会听说她嫁给一个姓别克托夫的人了?或者更可悲,我会看到她头戴一顶滑稽的包发帽,目光却仍旧那样聪明、开朗、快活、钟情。我不会放弃我的各种计划去同她结婚,她能不能构成我的幸福,我还没有足够的信心。但是我毕竟已落入情网。否则这些使我情绪高涨的愉快回忆,这目光——只要我一看见或一感觉到某种美的东西就用这目光去注视,说明什么呢?要不要给她写封信?我不知道她的父名,也许我会因此失去幸福。可笑。忘了带有皱褶的衬衫,因此我不任军职。如果忘了带制帽,我也就不会想去见沃龙佐夫,并且去第比利斯任职了。不能戴着高加索式的毛皮高帽

原文

去啊!现在上帝知道是什么在等待着我。听凭上帝安排吧。我自己不知道,为了我的幸福需要做什么,什么是幸福。季娜伊达,你还记得主教花园,那条侧面的小径吧。当时爱情的表白就在我的舌尖上,你也一样。只需我开口。可是,你知道我以为我什么也没有说的原因在哪里吗?我当时是那样幸福,简直没有什么可向往的了。我害怕破坏我的……不是我的,而是我们的幸福。这可爱的时光将永远成为我一生中最美好的回忆。人是个多么无聊而又好虚荣的造物啊!当有人问起我在喀山度过的日子的时候,我用随随便便的语调回答说:"嗯,那儿的社交界对于一个省城来说很不错了,我那几天过得相当快活。"卑鄙!这都是被人们讽嘲过的。人们嘲笑跟心上人在一起时窝棚也是天堂的说法,认为这不是真话。这当然是真话。不仅窝棚是天堂,克拉皮夫纳、旧村,无论什么地方都是。跟心上人在一起时窝棚也是天堂,这是真话,真话,一百个真。

　　六月十二日　起身迟了,是大哥打猎回来把我吵醒的。我总在寻觅一种心境,一种看事物的观点,一种生活方式,可是既没有本事找到,也没有本事确定。我极愿使自己的智力活动更有条理,活动本身也更多一些,同时更多一些自由和从容。昨天我几乎彻夜未眠。写了日记以后,我开始祈祷上帝。我在祈祷时体验到的感情的甘美无法表述。[……]如果给祈祷下的定义是祈求和感恩,那么我就不是在祈祷。我希冀着某种崇高而美好的东西,究竟是什么,我却不能表述,虽然我清楚地意识到我希冀什么。我渴望同无所不包的实体融合为一。我祈求它宽恕我的罪愆。不对,我祈求的不是这个,因为我感觉到,既然它赐予我这个幸福时刻,那么它就已经宽恕我了。我一面祈求,一面感觉到我无所祈求,我不能也不会祈求。我感恩了,但不是用言词,不是用思想。我把祈求和感恩全都融合在一种感情之中。恐惧感完全消失了。我不能把信仰、希望、爱这些感情中的任何一种从总的感情中分离出来。这个总的感情正是我昨天体验到的,那就是对上帝的爱。这是崇高的爱,它包容一切好的,否定一切坏的。

看到生活的无聊——罪恶一面真使我毛骨悚然。我不能理解,它怎么会吸引我。当我诚心诚意祈求上帝接纳我的时候,我感觉不到肉体的存在,我只是一个灵魂。可是肉体——生活的无聊一面又占了上风,还不到一小时,我几乎是有意识地听到了罪恶、虚荣、生活的无聊一面的呼声。我知道这呼声来自何处,知道它会葬送我的幸福,我挣扎,但还是依从了它。我幻想着荣誉,幻想着女人睡去。我并非明知故犯,而只是未能抗拒。

永恒的幸福在这里不可能存在。痛苦不可避免。为什么呢?我不知道。我竟然有胆量说:我不知道;而我曾经斗胆认为,天道可知。上天是理性的源,而理性要求了解……头脑在这些深奥的道理面前茫然无措,感情又害怕玷污了理性。我感谢理性赐予我这幸福的时刻,使我看到我的卑微和我的伟大。我想祈祷,但是不会;想了解,又不敢,一切听凭你的旨意吧!我为什么写下这些?我的情感表达得何等平淡,毫无生气,甚至毫无意义,而它们曾经是那样崇高!!

一八五五年

三月二、三、四日 这些天来我曾经两次连续几个小时写我的军队改革方案。进展不易,但我不放弃这个想法。今天我领了圣餐。昨天关于上帝和信仰的谈话使我产生了一个极其伟大的思想,我自信能够以毕生的精力去实现这个思想,即创立一种与人类的发展相适应的新宗教,是剔除了盲目的信仰和神秘性的基督的宗教,是不应许来生幸福、却赐予现世幸福的实践的宗教。我明白,只有若干代人自觉地朝着

原文

这个目标去工作,才能使这个思想成为现实。一代人要把这个思想嘱托给下一代人。总有那么一天,狂热或者理性会使它成为现实。自觉地行动,使人们与宗教结合在一起,这就是我希望能使我全神贯注的那个思想的基本点。

一八五八年

十二月七、八、九、十、十一、十二、十三　写了一点,但是庄园事务太分心。今天十三日,我在莫斯科。昨天在费特那里嗅到的文学使我反感。我的想法是,在得到普遍的、有两年是有节制的赞扬,并且几乎坐上第一把交椅这种最令人艳羡的条件下开始文学生涯之后,我可不想领教徒有其表的文学了,谢天谢地! 应该悄悄地、平心静气地写,不以发表为目的。写好一张有关贵族问题的字条,没有给任何人看就烧掉了。

一八八五年

一八八五年,似乎是四月五日。我一生从事的全部事业就是认识和表述真理(我觉得遗憾,因为这是一条不好走的,使人容易犯错误的生活道路)。我常常产生一些明晰的思想,使我快活,对我有益,可是由于找不到地方存放它们,我渐渐淡忘了。我要写下来。会对人有用的。

今天思索过我的不幸的家庭,妻子、几个儿子、一个女儿,他们在我身边生活,却竭力在他们和我之间设置屏障,以便不去看会揭穿他们的生活的虚伪、但也会救他们脱离苦海的真理和幸福。

但愿他们能够明白,他们只能提出一点来为这种由他人的劳动维持着的悠闲生活辩护,那就是把自己的闲暇时光用来反省,用来思索。可是他们尽做些无聊的事来消磨闲暇时光,这样一来,他们就比被工作压垮的人更少有时间反省了。

我还想到乌索夫和其他一些教授,为什么像这样聪明的人,有时也是好人,生活得如此愚蠢,不好?因为受女人控制。他们随波逐流,因为他们的妻子或者情妇要他们这样。所有的事情都是在夜间决定的。他们的过错仅在于使自己的良知服从自己的癖好。

我还想到,实行那差我来者的意志就是我的食粮。这含义多么深刻而又质朴啊!只有当你所定的目标不是外在的什么东西,而是执行差你来者的意志的时候,你才能平静,永远满足。我不愿在作品中插入自己的像,这使我反感,使我不快。如果我执行自己的意志,那么我要表示不同意,这样一来就会伤别人的心。如果我执行非自己的意志,那么我就要请求别人不这样做。如果别人还是这样做,那么我的心会是平静的,因为我已经执行了差我来者的意志。

这是我的食粮——话说得多明白啊!大多数人为自己做的事只是满足肉体的需要,如吃饭,性交,娱乐,此外都是为了人们。至于人不是为自己,而是为人的荣誉所做的那一部分事情,基督说,在其中应当执行差我来者的意志,而不是为了人们去做。他说,这对于他像食粮一样不可或缺,也不管人们如何看待。执行差我来者的意志就像吃喝一样不是为了人们,而是出于自己的需要。这才是需要做的,这才是可以做的,这才是无论何时何地永远使人幸福的唯一的生命之路。

一八九一年

二月十一日　在《公开论坛》(Open Court)杂志上有文章评布思和我,说我们是伪善的标本——说的是一套,做的又是一套,说的是要把一切都给穷人,而自己又靠贩卖这种说教来扩大自己的产业。还以妻子为挡箭牌。像亚当一样,妻子给了我,我才吃下去。很使我痛苦。现

一
原文
一

在写到这些话,心里还感到痛楚。然而不该为此痛苦,我能够做到不痛苦,只是很难。

我是一个伪君子,但不是在他们责备我的那一方面。在那方面我是纯洁的。正是那方面对我有教益。我的伪善在另一方面,即我一面想并且说,我在上帝面前为了善而活着,因为善好,一面又为了名活着,让名把我的灵魂弄脏到这种程度,以至我无法达到上帝那里了。我阅读报刊的时候,总在寻找自己的名字。听人谈话的时候,也总是等着别人谈起我来。我的灵魂已这般污秽,我不可能追求到上帝,不可能追求到以善为目的的善的人生了。而我应该如此。我每天说:我现在不愿意为了今生个人的肉欲,为了尘世的虚名活着,而无论何时何地都要为了爱而活着,可我还是为了今生个人的肉欲,为了尘世的虚名活着。[……]

一九〇六年

三月十一日　四天什么也没有写。昨天特别颓丧。特别痛切地感到所有的不快。我对自己这样讲,而实际上是我在寻求不快。我对不快很敏感,容易吸收。无论怎样努力也摆脱不了这种感觉。一切办法都试过了:祈祷,认识自己的恶劣品性,都没有用。祈祷,即真切认识自己的状况,达不到意识深处,承认自己渺小、恶劣也无济于事。不是想要什么,而是对什么不满使我难受,又不知道究竟对什么不满。看来是对生命不满,想死。

到傍晚,这种心情变成一种孤苦无依的感觉,一种渴望爱抚和温存的柔情。我这老头子想变成一个孩子,紧偎着爱我的人,同他亲热,向他诉苦,受到爱抚和安慰。但是我可以紧偎着谁,在谁的怀里哭泣、诉苦呢?这样的人都已谢世。这究竟是什么呢?还是那个想在狡诈的新形式下欺骗、诱惑人的私心恶魔。这后一种感觉使我明白了前面所说的忧郁心境。这只是精神生活的削弱和暂时消失,私心的露头,这私心正在萌发出来,但得不到养料,便忧郁起来。克服的手段只有一个:用最简单的、首先想到的方式为他人效力,为他人工作。

一九〇九年

二月四日　我听到有人指责我没有将土地交给农民,我收到的信也有这样说的,报刊上可能也提到过。我不能不承认,如果我不怕家庭的指责,把土地交给农民(交给哪些农民?),可能会好一些,可以用某种方式安排一下。但是,不管好也罢,歹也罢,我没有这样做却决不是因为我珍视这份财产。二十多年来,我一直憎恨它,不需要也不可能需要它——不是靠我的著作就是靠我的朋友。我没有交出土地得到的唯一好处是,人们因此一直在谴责我,骂我。

现在我请求我的继承人在我死后将土地交给农民,将我的作品(不仅指我已交出的那一部分,而是全部)交给公众使用。假如我关于后事安排的这两项要求他们不愿意完全照办,那么哪怕能满足我的第一项要求也好,不过最好(对他们也最好)这两项要求他们都能办到。

一九一〇年

四月三日　[……]睡得很多,但是越来越乏力。现在五点钟。刚刚醒来。信函很多,答复了几封。一早就想写怎样埋葬我,下葬时宣读什么。可惜没有记下来。我感到死亡越来越近。毫无疑问,随着年岁的增长,我的生命越来越精神化,所有的人大约都是如此。全人类的生命也一样。全部生命、任何生命的实质与意义就在这里,所以我的生命的意义也只在于它的精神化。认识到这一点,并且这样去做,你就会知

原文

道,你在做你应份做的事:你本身精神化并以你的生命多多少少促进普遍的精神化,即完善。[……]

五月二十七日 [……]今天一早,不对,是昨天夜里醒来,记下十分强烈的新的感觉:

(一)我第一次鲜明地感觉到这整个世界的偶然性。那么明白、简单、理智、善良的我,为什么生活在这个混乱、复杂、疯狂、恶毒的世界上?为什么?

(二)(关于法庭)真希望这些不幸、愚蠢、粗鲁而又洋洋得意的恶人明白,他们穿着制服,坐在铺了绿色呢子的桌子后面,煞有介事地重复、分析印在侮辱人类的坏书里的毫无意义的词句时,他们在做什么;真希望他们明白,他们称之为法律的,不过是对写在所有人的心里的永恒律法的粗野嘲讽。在被称为教堂的地方毫无恶意地射杀飞鸟的人,以亵渎神明的罪名被判处流放和苦役,而这些人却不断地亵渎世上最神圣的东西——人的生命,并且以此为生。沙皇教他天真无邪的儿子杀人。基督徒也这么干。士兵逃走,不愿服役,因为他不需要当兵。啊,多么需要写、多么想写这个问题啊。

十月二十八日 [奥普京修道院] 十一点半躺下。睡到两点多钟。醒来之后同前几夜一样,又听见开门声和脚步声。前几夜我没有看我的房门,今天一望,便从门缝中看见书房里有明亮的灯光,还听见沙沙的声音。这是索菲娅·安德烈耶夫娜在找东西,可能在翻阅。前一天她请求我,要求我不要闩门。她的两扇门都开着,所以她能听见我的任何动静。不管白天黑夜,我的每一个动作,每一句话都必须让她知道,受她监督。又是脚步声,小心翼翼的开门声,她走过去了:不知为什么,这引起我无法抑制的憎恶和愤怒。想睡,睡不着,翻来覆去约一个钟头,点上蜡烛坐起来。索菲娅·安德烈耶夫娜开门进来,问我身体怎

原文

样,她看见我点了蜡烛,感到惊讶。憎恶与愤怒越来越强烈,使我喘不过气来。我数了数脉搏,九十七下。不能再睡,我突然做出了出走的最后决定。我给她写了一封信,开始收拾最必要的东西,只要能走就好。我叫醒杜尚,然后叫醒萨莎,他们帮我收拾。我怕她听见,走出来吵闹,歇斯底里大发作,以后不闹就走不成,一想到这里我就发抖。五点多钟一切差不多就绪,找到马房去叫人套车。杜尚、萨莎和瓦里娅最后收拾停当。夜一片漆黑,我在通厢房的小路上迷失了方向,走进小树林里,撞在树上,给刺伤了,还摔了一跤,丢了帽子,找不到它,好容易走出来,回到屋里另拿了一顶帽子,打着灯笼走到马房,叫人套车。萨莎、杜尚、瓦里娅来了。我怕被追赶,浑身发抖。终于出发了。我们在谢金等了一小时,我每分钟都觉得她会出现。最后我们终于坐上火车,车开动了,恐惧消失,对她的怜悯渐渐上升,但我并不怀疑我做了应当做的事。也许我为自己辩解是错误的,但我觉得我挽救了自己,不是挽救列夫·尼古拉耶维奇,而是挽救虽然很少,有时毕竟在我身上存在的东西。我们抵达奥普京修道院。我身体健康,尽管一夜没有睡觉,而且几乎没有进食。从戈尔巴乔夫站出发时,我们坐在挤满劳动人民的三等车厢里。这一段旅行很有教益,非常之好,虽然我不大能领会。现在八点,我们在奥普京修道院。

　　十月三十一日 [阿斯塔波沃]　他们都在沙拉波沃那边。萨莎担心他们会赶上来,我们便启程了。萨莎在科泽尔斯克赶上我们,一起乘火车走。一路上很好,但四点多钟我开始发冷,然后烧到四十度,我们在阿斯塔波沃站下车。殷勤的站长给了两间极好的房间。

　　十一月三日 [阿斯塔波沃]　夜里很不好受。发着烧躺了两天。切尔特科夫二日来。据说是索菲娅·安德烈耶夫娜。夜里谢廖沙到,他深深感动了我。今天三日,尼基京,塔尼娅,然后是戈登魏择尔和伊

| 原文 |

万·伊万诺维奇。这便是我的计划。Fais ce que doit, adv ...(法语,做你应当做的事,让……发生吧)

(陈馥 郑揆 译)

| 赏 析 |

托尔斯泰一生都对自我有浓厚的兴趣,许多作品都具有自传因素,自传作品数量浩繁,除《忏悔录》、《回忆录》外还包括大量的日记。在苏联出版的九十卷本的托尔斯泰全集(百年纪念版)中,日记、记事等方面的材料就占了十三卷。托翁的日记始于1847年(托翁是年十九岁)终于1910年(他八十二岁临终前),不仅记录下他一生中的重大事件,还细微地呈现出作者的思想探索历程,对理解托尔斯泰丰富而复杂的个性有十分重要的价值。

如果把托尔斯泰的一生划分为青年、中年、晚年三个阶段,那么从日记中可以看出青年时期和晚年时期是托尔斯泰思考和探索最集中最强烈的时期。中年时期则是托尔斯泰思想较稳定的时期,自我分析和探索的力度没有青年和晚年时期那么大。

青年时代,托尔斯泰不仅热烈地对时代、社会、国家的现实问题进行思考,还积极地对自身进行探索。此时的托尔斯泰考虑得最多的是应以什么作为自己人生的目标,生命的意义何在等问题。在众多的选择中,自我的发展和完善成了托尔斯泰追求的人生目标。

托尔斯泰在青年时代的日记中记录下许多美好、纯洁的情感体验,它们坚定了托尔斯泰对自我完善的追求。其中,对季娜伊达的爱慕写得充满诗意,托尔斯泰追求不被世俗情欲污染的纯洁的爱情,追求两颗灵魂的碰撞,他在爱情中看到了人性的至善至美。此外,日记还流露出托尔斯泰虔诚的宗教情感。托尔斯泰自幼受俄罗斯正统的东正教教育,他在童年时曾

赏析

拥有过的最美好的情感往往与宗教情感融合在一起。日记记录了托尔斯泰青年时代祈祷时的一次神奇的体验,在祈祷中托尔斯泰仿佛达到一个非常崇高美好的境界。日记显示,早在青年时代托尔斯泰就有了创立一个新宗教的构想,这个新宗教以实现每一个人的幸福为目标,这说明他后期的思想转变有其内在的原因和一定的必然性。

托尔斯泰早年的日记中还有大量反省和忏悔的内容,揭示出托尔斯泰所追求的崇高目标与污浊的现实环境之间的深刻矛盾。青年时代的托尔斯泰犯过种种错误,沉迷过女色和赌博,曾使自己濒临破产的边缘。但与一般贵族子弟不同的是,托尔斯泰有着清醒的自我意识,他常感到痛苦羞愧,内心有深刻的矛盾。从日记看,他的青年时代常常处在犯错——忏悔——反思——努力寻找新方向——再次犯错的反复中,通过不断地反复与反省,他逐步走向成熟。

晚年(大约于1878年开始)的托尔斯泰在发生思想转变后,其日记的风格和内容相应发生较大的变化。托尔斯泰青年时代的探索尽管也涉及一些对社会问题的思考,但主要是个人性的,是为个人寻找出路。经历深刻的精神危机后,晚年的托尔斯泰更关心如何给他人带来幸福。他心中不仅装的是俄罗斯人民,还包括整个人类。他追求的也不仅仅是自我的完善,而是寻找整个人类的出路。托尔斯泰认为,经过努力探索他已经发现了真理,他要不计任何代价向全世界宣传这一真理。托尔斯泰晚年的思想转变招致很多人的不理解与指责,并且带来常年的家庭纠纷。日记真实地记录了托尔斯泰在思想方面与家庭成员特别是与妻子索菲娅的矛盾。尽管这一阶段托尔斯泰的目光是外向的,但贯穿一生的自省意识和忏悔精神却并没有消失。托尔斯泰晚年对自己要求仍十分严格,经常反思自己的虚荣心、没有勇气行动等弱点,对自己进行毫不留情的指责。不过他更从宗教的忍耐、宽容等角度解剖自我,要求自我。晚年的托尔斯泰也仍在追求完善,但更具有强烈的使命感,特别是宗教的使命感,他认为自己的人生意

— 赏析 —

义体现在他可以忍受任何苦难而执行上帝的意旨,包括向人们宣传他所发现的真理。

托尔斯泰的日记除了记录他的自我分析、自我反省及忏悔外,还实录他的文学创作过程,如他与当时文艺界人士契诃夫、高尔基、屠格涅夫等人的交往经过,以及他的文艺主张和对文艺作品的评论等。这些对研究托尔斯泰的文艺创作、19世纪俄罗斯的文艺状况和社会历史都有十分重要的参考价值。

作为自传性作品,日记不像标准自传那样精心选择材料,不能以一种回顾和反思的强烈主观性对自我形象进行建构,常常显得随意性较大,但是日记更多地保留了生活的原生态,更贴近作者生活的真实。由于记录时间与事件发生时间相隔较短,感受往往最强烈、最鲜活。托尔斯泰的日记好比一张张速写画,真实而生动地描画出他的一个个形象,既包含了他的感情、思想,也包含着他的行动,最终帮助读者形成自己心目中的托尔斯泰形象。

托尔斯泰的日记是自传文学的经典篇章之一,一些感情和场景的描写堪与大师的其他经典相媲美。作为自传文学,托尔斯泰日记不仅有资料意义,还显示出一个伟大人格的发展、成熟过程,不仅有助于我们理解他的作品,更有助于我们理解他的个性。托尔斯泰对道德完善的不懈追求,为人类幸福奉献一切的高尚情怀具有极大的精神感召力。如果说人类文明的发展好比是一场接力赛,那么托尔斯泰这位手持火炬的老赛手以自己的生命征程照亮了他那个时代的黑暗,照亮了人们前进的道路。

(曹 蕾)

附录

1828 年
9 月 9 日,出生于图拉省一个贵族庄园。

1830 年
母亲玛丽娅去世。

1837 年
父亲尼古拉·伊里奇去世。

1844 年
考入喀山大学东方语文系学习。

1845 年
转入喀山大学法律系。

1847 年
因对学校教育不满而退学回家。

1851 年
随兄长赴高加索服兵役。

1852 年
发表自传体小说《童年》。

1854 年
完成自传体小说《少年》。

1855 年
前往彼得堡,与屠格涅夫结识。
完成以战争经历为题材的短篇小说《塞瓦斯托波尔故事》。

1856 年
从军队退役。
发表短篇小说《一个地主的早晨》、自传体小说《青年》。

1857 年
出国游历。
发表短篇小说《琉森》。

1860 年
再次出国游历,考察各国教育。

1862 年
与莫斯科名医之女索菲亚结婚。

1863 年
发表中篇小说《哥萨克》。

1865 年
发表长篇小说《1805 年》(即《战争与和平》第一部)。

1869 年
长篇小说《战争与和平》全部出版。

1873 年
写作长篇小说《安娜·卡列尼娜》初稿。

1877 年
完成长篇小说《安娜·卡列尼娜》。

1880 年
完成自传性作品《忏悔录》。

1886 年
完成剧本《黑暗的势力》、中篇小说《伊万·伊利奇之死》。

1887 年
写信给罗曼·罗兰,谈论劳动、科学与艺术问题。

1889 年

完成中篇小说《克莱采奏鸣曲》、散文《谈艺术》。

开始写作长篇小说《复活》。

1890 年

完成剧本《教育的果实》。

1896 年

完成剧本《头一个造酒的》。

1899 年

完成长篇小说《复活》

1910 年

离家出走,试图彻底与贵族生活决裂。

11 月 20 日,逝世于阿斯塔波沃车站。

(闻　怡)

图书在版编目(CIP)数据

托尔斯泰作品鉴赏辞典 / 上海辞书出版社文学鉴赏辞典编纂中心编 .—上海：上海辞书出版社,2015.12
(外国文学名家名作鉴赏辞典系列)
ISBN 978-7-5326-4507-7

Ⅰ.①托… Ⅱ.①上… Ⅲ.①托尔斯泰,L.N.
(1828~1910)-文学欣赏-词典 Ⅳ.①I512.064-61

中国版本图书馆 CIP 数据核字(2015)第 249882 号

托尔斯泰作品鉴赏辞典
上海辞书出版社文学鉴赏辞典编纂中心　编
责任编辑/杨　凯　助理编辑/辛　琪　技术编辑/顾　晴
装帧设计/姜　明

上海世纪出版股份有限公司
辞书出版社出版
中国图书进出口上海公司发行
2015 年 12 月第 1 版
ISBN 978-7-5326-4507-7/I・290

www.ingramcontent.com/pod-product-compliance
Lightning Source LLC
Chambersburg PA
CBHW050759160426
43192CB00010B/1573